Joachim Mayer

Kräutergarten

KOSMOS

INHALT

3 Gestaltung

- 4 Besondere Pflanzen
- 8 Kräutergeschichte
- 14 Kräuter im Garten

31 Pflege & Verwendung

- 32 Standort & Boden
- 36 Beete anlegen
- 40 Säen & Pflanzen
- 52 Kräuter pflegen
- 58 Kräuter in Töpfen
- 62 Pflanzenschutz
- 70 Ernten & konservieren
- 76 Würzen & genießen
- 82 Heilen & pflegen
- 92 Gegen Plagegeister

95 Kräuter von A–Z

- 96 Einjährige Kräuter
- 106 Mehrjährige Kräuter
- 125 Exotische Kräuter

127 Arbeitskalender

- 128 Januar/Februar
- 129 März/April
- 130 Mai/Juni
- 131 Juli/August
- 132 September/Oktober
- 133 November/Dezember
- 134 Nützliche Adressen
- 136 Register
- 140 Impressum/Bildnachweis

Gestaltung

Was macht das Besondere an Kräutern aus, und wie lassen sie sich im Garten einsetzen? Auf den folgenden Seiten finden Sie nicht nur Antworten auf diese Fragen, sondern auch eine kurze Geschichte der Kräuter sowie eine Fülle an Anregungen, gestalterischen und praktischen Tipps.

Besondere Pflanzen

Kräuter – schon allein das Wort lässt jeden an aromatische Düfte denken, an bekömmliches Essen mit besonderem Pep, an heilkräftige Tees und wohltuende Essenzen. Unter den Gartenpflanzen sind Kräuter geradezu ein Synonym für den populären Begriff „Wellness".

Auch wenn unsere Vorfahren noch nicht von „Wellness" sprachen – sie wussten bereits sehr gut, wie sich das körperliche und seelische Wohlbefinden mit Heil- und Würzpflanzen fördern lässt. Auch die Duftwirkungen der Kräuter waren ihnen bewusst und finden heute wieder besondere Beachtung: im Duftgarten wie in der Wohnung, als bereicherndes Sinnenerlebnis oder als regelrechte Dufttherapie. Schließlich bieten Kräuter im Garten oder auf dem Balkon noch einen weiteren „Wohlfühlfaktor": Viele verwöhnen das Auge mit schmucken Blättern und teils auch mit attraktiven Blüten.

Was sind Kräuter?

Das Wort „Kraut" rührt vom altdeutschen „chrut" oder „chriut" her und stand ursprünglich ganz allgemein für Rankendes und Kriechendes. Wesentlich exakter differenzieren da die Botaniker: Als Kräuter oder

Würz- und Heilkräfte, Düfte und Zierden: Kräuter haben allerhand zu bieten.

krautige Pflanzen werden alle Arten zusammengefasst, die nicht verholzen. Das beinhaltet auch alle kurzlebigen Blumen und ausdauernden Stauden, bei denen wir nicht unbedingt an „Kräuter" denken. Kräuter im engeren Sinn zeichnen sich dagegen durch besondere Inhaltsstoffe aus, die für Menschen heilsam wirken oder als Nahrungszutat den Geschmack verbessern und verfeinern. Und als solche dürfen sie – entgegen der streng botanischen Definition – auch in Teilen verholzen.

Verschiedene Lebensrhythmen
Viele Kräuter gehören zu den Stauden, d. h. sie sind mehrjährig, lassen oft über Winter die oberirdischen Teile absterben und treiben jedes Jahr erneut aus; so z. B. Eibisch und Liebstöckel. Ähnlich wachsen die sogenannten Halbsträucher, die mit der Zeit an der Basis verholzen, etwa Oregano oder Wermut. Vereinzelt handelt es sich auch um echte Kleinsträucher, z. B. beim Rosmarin. Andere, wie Dill oder Kerbel, sind nur einjährig. Mit der Fruchtreife ist ihr Lebenszyklus beendet, allein ihre Samen sorgen für den Fortbestand. Zweijährige Kräuter wie der Kümmel bilden im Jahr der Aussaat nur Blätter, die Blüten erscheinen erst im Folgejahr – sofern die Pflanzen, wie bei der Petersilie, nicht schon vorher abgeerntet werden. Auch manche eigentlich langlebigere Kräuter werden nur ein- oder zweijährig kultiviert. Dies entweder, weil sie schon früh komplett geerntet werden (z. B. Knoblauch, Schnitt-Sellerie) oder weil die Pflanzen unsere kalten Winter nicht vertragen (z. B. Majoran).

Wertvolle Pflanzenstoffe

Die Heil-, Würz- und Duftkraft der Kräuter beruht auf besonderen Substanzen, die je nach Art in Blättern, Trieben, Blüten, Früchten, Samen oder Wurzeln gebildet bzw. an-

Einjährige wie Dill sterben nach Ausstreuen ihrer reifen Samen ab.

Halbsträucher wie Oregano leben ausdauernd und verholzen an der Basis.

gereichert werden. Man fasst sie unter dem Begriff „sekundäre Pflanzenstoffe" (auch: Phytamine) zusammen, weil sie anders als z. B. Kohlenhydrate und Eiweiße nicht Bestandteil des primären Pflanzenstoffwechsels sind. Sie dienen den Pflanzen teils zur Abwehr von Schädlingen und Krankheitserregern, teils zum Anlocken von Tieren, die die Blüten bestäuben oder die Samen verbreiten, teils als Hormone für den Stoffwechsel. Wenige Kräuter verdanken ihre Würz- oder Heilkraft nur einem einzelnen Inhaltsstoff. Bei den meisten wirkt eine Kombination

Wirkstoffe unserer Kräuter

Wirkstoffgruppe	Eigenschaften, Wirkungen
Ätherische Öle	• ölig, flüchtig, d. h. leicht verdampfend • charakteristisch duftend (z. B. Kampfer, Limonen, Menthol, Thymol) • je nach Typ u. a. entzündungshemmend, beruhigend, krampflösend, antiseptisch, antibakteriell, schleimlösend, durchblutungsfördernd, erfrischend • Hauptwirkstoffe in vielen Küchenkräutern, in Heilpflanzen wie Kamille und Pfeffer-Minze, in Duftpflanzen
Gerbstoffe (Tannine)	• adstringierend (zusammenziehende Wirkung auf Schleimhäute und Gewebe), keim- und entzündungshemmend, schmerzlindernd, stoppen Durchfall • z. B. in Basilikum, Bohnenkraut, Melisse, Oregano, Pimpinelle
Bitterstoffe	• verdauungsfördernd, appetitanregend • z. B. in Anis, Engelwurz, Kümmel, Schaf-Garbe, Wermut
Scharfstoffe	• appetitanregend, verdauungsfördernd, geschmacksverstärkend, antibakteriell, schweißtreibend • bei äußerlicher Anwendung (Senfpflaster) wärmend, durchblutungsfördernd, entzündungshemmend, aber auch hautreizend • z. B. in Kresse, Meerrettich, Senf (Scharfstoffe: Senföle, Senföl-Glykoside), Knoblauch, Schnittlauch (Alliin, Allicin), Chili, Paprika (Capsaicin)
Cumarine	• bewirkt Duft nach frischem Heu • entzündungshemmend, abschwellend, teils blutgerinnungshemmend, Motten und andere Insekten vertreibend • z. B. in Engelwurz, Lavendel, Liebstöckel, Petersilie, Waldmeister
Schleimstoffe	• im Wasser quellend • reizmildernd, hemmen Entzündungen der Schleimhäute, besonders bei Husten und Magen-Darm-Problemen • z. B. in Beinwell, Eibisch, Huflattich, Mariendistel
Saponine	• schleim- und sekretlösend, harntreibend, entzündungshemmend, blut- und hautreinigend • unterstützen die Aufnahme anderer Inhaltsstoffe • z. B. in Bibernelle, Borretsch, Goldrute, Ringelblume, Thymian
Flavonoide	• Pflanzenfarbstoffe, meist gelb • je nach Typ u. a. entzündungshemmend, krankheitsvorbeugend, antioxidativ, gefäßerweiternd und -schützend • unterstützen die Wirkung anderer pflanzlicher Inhaltsstoffe • z. B. in Goldrute, Kamille, Kerbel, Petersilie, Salbei

verschiedener Substanzen, die sich teils noch gegenseitig fördern. Dazu kommen bei vielen Kräutern weitere gesundheitsfördernde Inhaltsstoffe wie Vitamine, Mineralstoffe oder Kieselsäure.

Hochwirksame Substanzen In der Tabelle oben werden verbreitete sekundäre Pflanzenstoffe vorgestellt, die das Aroma und die besonderen Wirkungen unserer Kräuter bestimmen. Dabei zeigt sich: Alle aromatischen, würzenden Substanzen wie ätherische Öle oder Bitterstoffe haben zugleich positive Wirkungen auf das körperliche Wohlbefinden.

Zwei weitere wichtige Gruppen wurden hier nicht oder nur teilweise berücksichtigt: **Alkaloide** zählen zu den wirksamsten Stoffen im Pflanzenreich, können aber auch extreme Rauschzustände sowie tödliche Ver-

In den alten Apothekergärten wurden die Kräuter nach Heilwirkung angeordnet.

giftungen verursachen. Hierzu gehören z. B. das hochgiftige Atropin der Tollkirsche sowie medizinisch eingesetzte Substanzen wie Codein und Morphin. Von Selbstmedikamentation oder auch Rauschmittel-Experimenten mit solchen Pflanzenstoffen ist dringendst abzuraten!

Vor Selbstversuchen mit hochwirksamen **Glykosiden** muss ebenfalls gewarnt werden – ganz besonders mit Herzglykosiden, z. B. in Fingerhut und Christrose, die bei Überdosierung tödlich wirken können. Zu den harmloseren Vertretern dieser Gruppe zählen die in der Übersicht aufgeführten Cumarine, Flavonoide, Saponine und Senföl-Glykoside.

Die Dosis macht's Bei allen Segnungen der Kräuter sollte man bedenken: Bei sehr hoher Dosierung oder übermäßigem Dauergebrauch kann sich ihre positive Wirkung ins Gegenteil umkehren, im Extremfall bis hin zu ernsthaften Vergiftungen oder Leberschäden. Das gilt besonders für Cumarine, Saponine sowie Thujon, eine Komponente

Das Cumarin des Waldmeisters gefährdet in allzu hoher Dosis die Gesundheit.

im ätherischen Öl u. a. von Salbei, Thymian und Wermut. Gerb-, Bitter- und Scharfstoffe können im Übermaß Magen, Darm und Leber stark strapazieren, ätherische Öle Haut-, Schleimhaut- und Augenreizungen, Kopfschmerzen, Magenbeschwerden oder Allergien hervorrufen. Deshalb sollten Kräuter stets maßvoll und nicht allzu einseitig verwendet werden (siehe auch S. 82–83).

Kräutergeschichte

Die Anfänge der Kräuterverwendung liegen im Dunkeln, reichen aber vermutlich bis in die Altsteinzeit zurück. Seit Jahrtausenden werden sie als Würz- und Heilpflanzen, aber auch für magische und religiöse Zwecke genutzt. So sind sie zugleich ein wichtiger Teil der Kulturgeschichte.

Blütenpollen, die z. B. in Grabhügeln unter Luftabschluss konserviert wurden, sowie verkohlte Samen- und Fruchtreste können viele Jahrtausende überstehen. Anhand solcher Indizien vermuten Archäologen, dass schon vor mehr als 50 000 Jahren Würz- und Heilpflanzen verwendet wurden. Wahrscheinlich entdeckten schon die urzeitlichen Jäger und Sammler, dass aromatisch duftende Pflanzen ihre Fleisch- und Wurzelvorräte nicht nur bekömmlicher, sondern oft auch länger haltbar machten. Daneben ergaben ethnologische Forschungen bei sogenannten Naturvölkern, etwa in Afrika oder am Amazonas, wertvolle Hinweise. Häufig besitzen diese ein uraltes, reiches Wissen über den Gebrauch von Kräutern, von dem bis heute Arzneiforschung und Pharmaindustrie auf der Suche nach neuen Heilpflanzen profitieren.

Magische Pflanzen

In den traditionellen Kulturen sind Heiler und Schamanen die wahren Kräuterexperten. Heilsame, aromatische, teils auch berauschende Pflanzen stehen meist in Verbindung mit religiösen Ritualen und Magie, zeugen von der Macht der Götter oder Naturgeister, wehren böse Kräfte ab, schützen nicht nur vor Krankheiten, sondern auch vor Blitzschlag und anderem Unheil. Ähnliche Auffassungen finden sich auch bei den alten Germanen und Kelten und waren bei uns bis in die frühe Neuzeit verbreitet. Im Mittelalter war das Wort „Kräuter" gera-

In früheren Apotheken wurde eine Vielfalt von Kräuteressenzen angeboten.

EXTRA

Liebe geht durch den Magen

Kräuter genossen wohl in allen Kulturen auch ein hohes Ansehen als Hilfsmittel zur Anregung der Sexualität oder auch zur Steigerung der weiblichen Fruchtbarkeit, wie etwa Beifuß, Basilikum und Frauenmantel.
Der griechischen Liebesgöttin Aphrodite waren gleich mehrere Kräuter gewidmet, darunter Majoran, Thymian und Rosmarin. Ihr Name stand dann auch Pate für die Aphrodisiaka, also für Mittel zur Steigerung der Lust, Begierde und Manneskraft. Alraune, Safrankrokus, Sauerampfer und Wein zählten zu den hoch geschätzten „Lustmitteln" der Antike, Knoblauch war schon bei den alten Ägyptern angesagt, und später kamen z. B. Brennnessel, Löffelkraut, Muskatnuss, Arnika und Petersilie hinzu.
Besonderen Stellenwert hatte auch der Fenchel, über den schon der Römer Plinius (gemäß einer mittelalterlichen Übersetzung) schrieb: „Er ... stärcket die leiblichen Geister und mehret den natürlichen Saamen, richtet die hangenden Mannsruten wieder auff und hilfft den schwachen Männern, die zu den ehelichen wercken ungeschickt sind ..."

dezu ein Synonym für Zaubermittel aller Art. Solche Zusammenhänge finden heute nicht nur bei esoterisch Interessierten wieder viel Aufmerksamkeit. Da überlappt sich auch so manches mit der ganzheitlichen Naturheilkunde und Kräutertherapie.

Alte Kräuter-Hochkulturen

Die ältesten sicher belegten Funde zeigen, dass in Mexiko und Peru bereits 7000 v. Chr. Chilis als Gewürze geschätzt wurden. In unseren Breiten ist der Kümmel die älteste nachweisbare Gewürzpflanze (seit 3000 v. Chr.). Leichter lässt sich die Geschichte in alten Kulturen mit schriftlicher Überlieferung nachvollziehen: Mesopotamien, Persien, Ägypten, Indien und China waren auch in Sachen Kräuter und Gewürze wahre Kulturzentren des Altertums. Die ältesten Schriften stammen aus dem 4. bis 2. Jahrtausend v. Chr. und enthalten teils schon Kräuterrezepturen und Anbauhinweise.
Infolge der Eroberungsfeldzüge von Alexander dem Großen (356–323 v. Chr.) gelangten aus diesen Weltgegenden viele neue Pflanzen nach Griechenland, darunter Knoblauch, Majoran und Koriander. Die alten Griechen übernahmen auch so manches an Kräuter- und Medizinwissen von den Ägyptern und

aus dem Orient. Auf diesem frühen Wissensaustausch fußt im Grunde genommen die europäische Kräuterkunde bis in die Neuzeit hinein.

Antike Kräuterlust Im antiken Griechenland hatten die Kräuter Hochkonjunktur. Früh entstanden umfassende Werke über Heilkunde und Pflanzen. Hippokrates (um 460–370 v. Chr.), der wohl berühmteste Arzt des Altertums, und Theophrast von Eresos (um 372–287 v. Chr.), der „Vater der antiken Botanik", zählen hier zu den bedeutendsten Autoren. Herausragendes für die Kräuterkunde leistete dann der Arzt Pedanios Dioskurides (1. Jahrhundert n. Chr.): In „De materia medica" beschrieb er ausführlich 813 Arznei- und Nahrungspflanzen mitsamt Verwendung und Zubereitung. Dies wurde die Grundlage für die meisten nachfolgenden Kräuterschriften bis in die frühe Neuzeit.

Auch die Römer fügten der Kräuterkunde manches hinzu. So etwa Plinius der Ältere (um 23–79) mit „Naturalis historia", einer umfassenden Enzyklopädie, von der acht Bände den pflanzlichen Heilmitteln gewidmet waren. Dem römischen Feinschmecker Marcus Gavius Apicius (1. Jahrhundert n. Chr.) verdanken wir das älteste erhaltene Kochbuch.

Ihre geliebten Gewürze wollten die Römer auch nicht missen, als sie bei ihren Eroberungsfeldzügen über die Alpen nach Norden vordrangen. So gelangten etliche mediterrane oder ursprünglich vorderasiatische Kräuter zu uns, darunter z. B. Salbei, Borretsch und Petersilie.

Kräuter im Mittelalter

Das Auseinanderbrechen des Römischen Reichs und die Völkerwanderungen in Mitteleuropa waren kein fruchtbarer Boden für die Weiterentwicklung der Kräuterkunde. Zudem war den frühen christlichen Missionaren die heidnische Kräuterheilerei der germanischen Völker suspekt.

Doch die Benediktinermönche, die damals aus dem italienischen Kloster Montecassino nach Mitteleuropa kamen, brachten nicht nur antikes Kräuterwissen, sondern auch neue Pflanzen mit. Sie läuteten in unseren Breiten das Zeitalter der Klostergärten ein. Zur „Blaupause" für diese Gärten wurde der Plan des Klosters St. Gallen von 820, mit einem gesonderten „Herbularius" (Kräuter- und Würzgarten). Zu den Wegbereitern zählte auch der Reichenauer Abt Walahfrid Strabo (808–849), der in seinem Lehrgedicht „Hortulus" 24 Heil- und Zierpflanzen ausführlich beschrieb.

Nachgeholfen hatte bei alldem Kaiser Karl der Große (747–814): Er drängte die Mönche,

Anfangs war der Kräuteranbau eine Domäne der Burg- und Klostergärten.

Getrocknete Kräuter wie diese Ringelblumenblüten werden als Droge bezeichnet.

Bauerngärten folgten dem Vorbild der Kloster- und Herrschaftsgärten.

sich mehr mit der Heilkunst zu beschäftigen und Heilpflanzen anzubauen. In seiner um 812 erlassenen Verordnung „Capitulare de villis" ließ er 89 Pflanzen aufführen, darunter viele Heil- und Würzkräuter, die in allen kaiserlichen Gütern angebaut werden mussten. Von den Kloster- und Burggärten verbreitete sich der Kräuteranbau allmählich in die kleineren Pfarrgärten und schließlich auch in die Bauerngärten. Zur zunehmenden Wertschätzung der Kräuter trug im Mittelalter besonders die Benediktinerin Hildegard von Bingen (1098–1179) bei. Sie verwendete in ihren umfangreichen Werken über Medizin und Heilpflanzen erstmals volkstümliche Pflanzennamen anstelle der lateinischen. Nicht zuletzt förderte auch eine ausgeprägt warme Klimaperiode vom 9. bis ins 14. Jahrhundert den gedeihlichen Anbau von Kräutern in unseren Breiten.

EXTRA

Herbae und Drogen

Im Latein der mittelalterlichen Kräuterbücher heißen die Kräuter „herbae" – ein Begriff, den heute viele von käuflichen Kräutern aus der Apotheke kennen, beispielsweise als Thymi herba (Thymiankraut). Denn das lateinische „herba" hat ebenso wie das „Kraut" eine Doppelbedeutung: Es kann zum einen die ganze Pflanze meinen, zum anderen die zur Ernte bestimmten Blätter und Triebe.
Meist werden die medizinisch verwendeten Pflanzenteile getrocknet, bis sie „drög" (niederdeutsch) oder „droog" (holländisch) sind. Deshalb bezeichnet man sie als Drogen, was auch den Drogerien ihren Namen gab.

Apotheker und Kräuterhexen Im 13. Jahrhundert konnten sich, dank einer Verordnung von Friedrich dem II., die Apotheker als eigener Berufsstand etablieren. Sie legten neuartige Apothekergärten an, in denen die Kräuter – anders als noch in den Klostergärten – nach medizinischen Anwendungsgebieten zusammengepflanzt wurden. Anfangs hieß die Apotheke noch Offizin. Danach wurden Pflanzen, die man als besonders wirksam einstufte, als „offizinell" bezeichnet. Bei vielen Kräutern ist dies bis heute Bestandteil des botanischen Namens, z. B. bei der Zitronenmelisse *(Melissa officinalis)*.

Vieles wurde aber auch wie seit alters in der freien Natur gesammelt, wobei die pflanzenkundigen „Kräuterweiblein" den Apothekern eine wertvolle Hilfe waren. Ihr Kräuterwissen ging oft auf alte, heidnische Quellen zurück, und ihre beim einfachen Volk beliebten Heilweisen wurden besonders von manchen Kirchenvertretern nicht gern gesehen. Später gehörten dann viele dieser Frauen zu den Opfern der grausamen Hexenverfolgung, die vom 15. bis ins 18. Jahrhundert währte.

Kreutterbücher und kostbare Gewürze Mit dem im 15. Jahrhundert aufkommenden Buchdruck erschien eine ganze Reihe neuer Kräuterbücher – nun erstmals in deutscher Sprache und mit Holzschnitten der Pflanzen illustriert. Manche von ihnen wurden fast so populär wie die gedruckte Bibel, so etwa das „New Kreutterbuch von underscheydt, würckung und namen der kreutter so in teutschen landen wachsen" des Hieronymus Bock (1539), das „New Kreüterbuch" des Leonart Fuchs (1543) und das „Neuw Kreuterbuch" des Tabernaemontanus (1588).

Schon mit den Kreuzzügen des 12. und 13. Jahrhunderts waren orientalische Gewürze nach Europa gelangt. Pfeffer, Ingwer und Zimt wurden zu hoch geschätzten Kostbarkeiten – und lösten Handelskriege aus. Ähnliches vollzog sich in noch weit größerem Ausmaß, als die Entdeckungsreisenden ab dem 15. Jahrhundert nach Amerika, Afrika und Asien vordrangen. Neben Gewürzen wie der Muskatnuss, die in unserem Klima nicht gedeihen, bereichern seit dieser Zeit u. a. amerikanische Gewächse wie Paprika, Kapuzinerkresse und Nachtkerze unsere Gärten.

Wechselhafte Neuzeit

Vom 16. bis zur Mitte des 19. Jahrhunderts gewann der Kräuteranbau fast stetig an Bedeutung, sowohl privat, in den immer zahlreicheren Bürgergärten, als auch im professionellen Heilpflanzenanbau.

Mit dem Siegeszug synthetisch hergestellter Arzneimittel kam es dann aber gegen Ende des 19. Jahrhunderts zu einem gewaltigen Einbruch. Zudem hatte sich der Gebrauch von Würzkräutern in deutschen Küchen stark reduziert, wobei wahrscheinlich auch neuartige Fertigprodukte wie die „Maggi"-Würze eine Rolle spielten. Geradezu zum Fels in der Brandung wurde der Pfarrer Sebastian

Apothekergärten zeigten oft eine klare Gliederung nach Anwendungsgebieten.

Die Kapuzinerkresse wurde im 16. Jahrhundert aus Südamerika eingeführt.

Botanische Namen wie *Salvia officinalis* gewährleisten eindeutige Bezeichnungen.

Kneipp (1821–1897). Er propagierte nicht nur Wasserkuren, sondern brachte auch wieder ins Bewusstsein, dass „gegen alles ein Kraut gewachsen ist".
Dennoch wurden in den Privathaushalten die Kräuter erst etwa ab den 1960er-Jahren in größerem Maße wiederentdeckt. Urlaube in mediterranen Ländern ließen in der Küche eine neue Kräuterlust erwachen. Zugleich führten das zunehmende Gesundheitsbewusstsein und die wachsende Skepsis gegen chemische „Supermittel" und ihre Nebenwirkungen zu einer neuen Wertschätzung von Heilpflanzen und altbewährten Kräutern.

EXTRA

Wissenschaftliche Kräuternamen

Gerade bei Kräutern können Verwechslungen mit ähnlichen, aber wirkungslosen oder sogar giftigen Pflanzen fatal sein. Über die Jahrhunderte hatten sich allerdings die unterschiedlichsten Kräuternamen angesammelt, sowohl lateinische wie deutsche, oft ganz verschieden, je nach Epoche und Region.
Damit räumte ein System für das gesamte Pflanzenreich auf, das der schwedische Naturforscher Carl von Linné (1707–1778) entwickelte und das – mit den nötigen Aktualisierungen – bis heute gültig ist. Danach werden die Pflanzen bestimmten Familien und Gattungen zugeordnet und erhalten einen zweigliedrigen botanischen Namen. Der besteht aus dem groß geschriebenen Gattungsnamen (z. B. *Salvia*) und dem klein geschriebenen Artnamen (z. B. *officinalis*). Egal, ob man diese Pflanze nun als Echten, Garten- oder Gewürz-Salbei kennt: Ihr wissenschaftlicher Name *Salvia officinalis* klärt eindeutig – und international gültig –, dass damit keine der vielen anderen Salbeiarten gemeint sein kann.

Kräuter im Garten

Raum für Kräuter findet sich in jedem Garten – viele gedeihen sogar in Töpfen auf Balkon oder Terrasse. Sie lassen sich auf vielfältige Weise in die Gestaltung integrieren und setzen als duftende Pflanzen mit anmutigem Charme besondere Akzente.

Ganz gleich, wie die Kräuter im Garten eingesetzt werden: Berücksichtigen Sie beim Gestalten und Planen stets deren Standortansprüche. Die meisten brauchen sonnige, warme, windgeschützte Plätze. Etliche bevorzugen zudem nährstoffärmere Böden als die meisten anderen Gartenpflanzen (siehe auch S. 32 und Pflanzenporträts ab S. 95). Denken Sie auch daran, dass zumindest die häufig verwendeten Kräuter vom Haus aus möglichst gut erreichbar sein sollten.

Plätze für Kräuter

Wenn man vom üblichen Bedarf in der Küche oder für Tees ausgeht, reichen von den meisten Kräutern einige wenige Exemplare. In diesem Fall gliedert man die Kräuter vorzugsweise in andere Gartenbereiche ein oder legt nur einzelne kleine Kräuterbeete an.

Doch Kräuter machen schnell Lust auf mehr. Viele lassen sich gut trocknen oder einfrieren und stehen so das ganze Jahr zum Würzen oder für bekömmliche Tees zur Verfügung. Da kann es sich schon lohnen, die bevorzugten Pflanzen in größerem Umfang anzubauen. Und so mancher wird auch bald zum leidenschaftlichen Kräuterfan, probiert gern neue Arten aus und genießt den Anblick und Duft spezieller Kräuterbeete und -gärten. Diese können zu besonderen Akzenten einer interessanten, attraktiven Gartengestaltung werden.

Kräuter im Blickfeld Wer über eine sonnige Terrasse verfügt, muss nicht lange suchen: Das Terrassenumfeld bietet den idealen Platz für die Kräuter des täglichen Bedarfs. Hier sind sie ständig im Blick, verwöhnen beim Entspannen die Nase und lassen sich im Handumdrehen in die Küche bringen. So kann z. B. ein Kräuterbeet direkt vor der Terrasse angelegt werden oder in Form einer schmalen, länglichen Rabatte die Terrasse oder Teile davon rahmen.

Hier bieten sich aber auch „Mischpflanzungen" der verschiedensten Art an. Vorpflan-

Kräuter lassen sich fast überall harmonisch einfügen.

Viele Kräuter gedeihen auch gut in Töpfen, Kästen oder Kübeln.

Bauerngärtchen mit Kräutern: Niedrige Buchshecken säumen die Beete.

zungen an der Terrasse werden gern mit schmucken Kleingehölzen, Rosen, Stauden oder einjährigen Sommerblumen bepflanzt. Dazwischen lassen sich Kräuter wie Salbei, Oregano, Bohnenkraut oder auch Petersilie hervorragend als Begleit- oder Füllpflanzen einsetzen. Im Prinzip sind hier viele Gestaltungsmöglichkeiten umsetzbar, die bei den

TIPP

Kräuter können auch als duftende Einfassung die gesamte Terrassenvorpflanzung rahmen oder den zur Terrasse führenden Weg bzw. eine Treppe säumen.

„Kräutern im Ziergarten" (ab S. 18) genannt werden, beispielsweise ein Steingärtchen mit Kräutern. Wo genügend Platz ist, können auch hochwüchsige Pflanzen wie Liebstöckel an der Terrasse wachsen und sogar als Sichtschutz dienen. Nicht zuletzt ist die sonnige Terrasse selbst ein guter Standort für Kräuter in Töpfen und für aromatische Kübelpflanzen. Dies alles kann ebenso gut auf einen Sitzplatz im Garten oder die Umpflanzung einer Gartenlaube übertragen werden – wobei dort natürlich die Kräuter nicht ganz so nah an der Küche wachsen. Gerade an solchen lauschigen Ruheorten ist auch die gezielte Gestaltung von Duftbeeten (siehe S. 25) besonders reizvoll und lohnend.

Hier wachsen Gemüse, Kräuter und Blumen in Reihen nebeneinander.

Im Gemüsegarten

Traditionell kommen die Kräuter in den Bereich der Gemüsebeete, nach dem Prinzip: „Nutzpflanzen gehören zusammen". Das ist tatsächlich recht praktisch, zumal man im Gemüsegarten häufig zu tun hat und so auch die Kräuter genug Aufmerksamkeit erhalten. Zudem wirken viele Kräuter auf benachbarte Gemüse günstig und halten mit ihren Düften teils auch Schädlinge fern. Dies kann man sich gezielt durch Mischkulturen zunutze machen (siehe S. 50–51).

Mittendrin oder extra? Die einfachste Lösung, besonders für ein- und zweijährige Kräuter, ist die Saat oder Pflanzung in Reihen zwischen den Gemüsen. Kräuter mit kurzer Kulturdauer, z. B. Kerbel oder Rucola, eignen sich auch sehr gut, um vorübergehend leere Flächen bzw. Reihen sinnvoll zu nutzen. Ausdauernde Kräuterreihen dagegen gehören für einige Jahre zum festen Inventar und können bei kleinen Gemüseflächen die Flexibilität ein wenig einschränken. Da gerade Mehrjährige wie Oregano und Thymian oft weitaus weniger Nährstoffe und Wasser brauchen als die meisten Gemüse, bietet sich für sie eher ein separater Streifen oder ein gesondertes Beet an. Eine attraktive Lösung ist der Einsatz solcher Pflanzen als Einfassung bzw. Umrandung der Gemüsebeete.

In diesem Fall können Sie den Randstreifen durch Einarbeiten von Sand, Splitt oder feinem Kies leicht an die Ansprüche der Kräuter anpassen.

Zum Wuchern neigende Arten wie Pfeffer-Minze oder Meerrettich sollten auf jeden Fall extra platziert werden, sofern man sie nicht mit einer wirksamen Wurzelsperre versehen kann. Auch recht hoch wachsende Kräuter stehen in größerer Zahl besser nicht mitten im Gemüse, sondern vorzugsweise im Beethintergrund.

Vorbild Bauerngarten Obwohl die traditionellen Bauerngärten nicht immer so kunterbunt waren, steht dieser Gartentyp heute für ein ansprechendes, farbenfrohes Miteinander von Gemüse, Blumen und Kräutern. Je nach Gartengröße können diese Pflanzengruppen abwechselnd in Reihen oder Grüppchen gepflanzt werden oder in separaten Beeten nebeneinander stehen. Nach klassischen Bauerngarten-Vorbildern werden die Beete rechteckig oder quadratisch angelegt und jeweils mit niedrigem, regelmäßig gestutztem Einfassungsbuchs umgeben. Andere passende Einfassungspflanzen sind Gamander oder niedrige Kräuter. Etwas pflegeleichter und platzsparender ist eine Einfassung aus niedrigen Holzpalisaden oder Ziegelsteinen. Sind die Beete groß genug, können Sie dahinter auch Buchs, Gamander oder Kräuter „in zweiter Reihe" pflanzen. Durch die komplette Beetanlage kann ein gerader, mindestens 80 cm breiter Hauptweg als Mittelachse führen. Noch stilechter wirkt allerdings ein Kreuz aus Längs- und Querweg, das den gesamten Bauerngarten in vier gleich große Beetflächen unterteilt. Zum Highlight wird ein rundes Beet, ein sogenanntes Rondell, in der Mitte des Wegkreuzes. Dort gepflanzte Rosen oder hohe Lilien ziehen alle Blicke auf sich und können schön mit Lavendel, Salbei und anderen Kräutern kombiniert werden. Als Wegbeläge eignen sich beispielsweise Kies, heller Schotter oder Klinkerpflaster und Steinplatten.

EXTRA

Traditionelle Bauerngartenkräuter

Nahezu alle Kräuter, die Sie im Porträtteil (ab S. 95) finden, gehörten bereits zum Repertoire unserer bäuerlichen Vorfahren – sogar das ursprünglich aus Indien stammende Basilikum. Zu den wenigen Ausnahmen zählen Currykraut, Chili und einige exotische Salbei-, Minze- und Basilikumarten. Auch Wald- oder Feuchtpflanzen wie Bärlauch und Brunnenkresse passen nicht so recht in einen „echten" Bauerngarten. Ansonsten kann hier die ganze Riege bewährter Küchenkräuter Platz finden. Ringelblume, Kapuzinerkresse, Kamille, Johanniskraut, Nachtkerze und Schaf-Garbe sorgen für stilechten Flor und passen gut zu Bauerngartenstauden wie Pfingstrose, Rittersporn, Margerite und Lupine.
Zu den markanten Kräutern historischer Gärten gehören auch recht große Heil- und Würzstauden, so etwa Beifuß, Eberraute, Eibisch, Engelwurz und Goldrute. Selbst wenn man sie nicht als Kräuter nutzen möchte, kann man sich an ihrem Bauerngartenflair erfreuen und sie z. B. in den Beethintergrund pflanzen. Das gilt auch für den attraktiven Alant (*Inula helenium*, im Bild) mit seinen großen gelben Blüten. Er war früher eine geschätzte Heilpflanze; von der Verwendung seines Wurzelstocks wird heute aber abgeraten, da er starke unangenehme Nebenwirkungen hervorrufen kann. Trotzdem gehört er in jeden Bauerngarten.

Kräuter lockern mit Blattschmuck und zartem Flor bunte Blumenbeete auf.

Im Ziergarten

Attraktive Blüher wie Ringelblume, Kapuzinerkresse und Schaf-Garbe werden weitaus häufiger als Zierpflanzen denn als Kräuter genutzt. Dasselbe gilt für den Lavendel. Er besticht nicht nur mit blauvioletten Blütenständen, sondern vor allem mit seinen silbergrauen Blättchen, die selbst über Winter erhalten bleiben.

Ähnliche Vorzüge bieten viele andere Kräuter: ansprechendes, oft duftendes Laub in vielen Grüntönen, auch gelb- oder blaugrün, silbrig grau (z. B. Curry- und Heiligenkraut) oder purpurfarben wie bei manchen Basilikum- und Salbeisorten. Als Blattschmuckpflanzen eignen sich Kräuter sehr gut, um beruhigende Akzente im bunten Blumenflor zu setzen. Dazu kommen bei vielen Kräutern hübsche, meist eher zart wirkende Blüten, oft in Rosa-, Violett- oder Blautönen (z. B. Salbei, Ysop) oder auch gelb (z. B. Barbarakraut) und weiß (z. B. Kamille). Und für das wunderschöne Blau der auffälligen Borretschblüten findet sich selbst unter den Gartenblumen wenig Vergleichbares. Allerdings werden die meisten Kräuter zum Konservieren kurz vor oder während der Blüte geschnitten. Im Ziergarten sollten deshalb vorzugsweise Würz- und Heilpflanzen integriert werden, von denen man nur Blätter oder einzelne Triebe ernten will.

KOSMOS TIPP

Bei allen Mischpflanzungen müssen Sie daran denken, dass manche Kräuter stark wuchern oder sich gern durch Samen ausbreiten und so die Pflanzpartner bedrängen. Hier hilft nur Vorbeugen (z. B. Wurzelsperre für Pfeffer-Minze, Ausbrechen der Samenstände) oder häufiges Auslichten.

In Beeten und Rabatten Sollen Kräuter in Blumenbeete integriert werden, müssen Sie ebenso wie beim Gemüsebeet berücksichtigen, dass manche eher nährstoffarme, trockene Verhältnisse bevorzugen. Oregano, Heiligenkraut, Bohnenkraut und ähnlich genügsame Kräuter werden hier besser etwas separat gepflanzt, in Form von Streifen oder kleinen Flächen eingestreut oder als Beeteinfassung verwendet.

Wenn dagegen im Beet vorwiegend anspruchslose Stauden oder Kleinsträucher wachsen, lassen sich die meisten Kräuter recht gut einfügen. Oft ist es ratsam, sie in kleinen Trupps zu pflanzen, damit sie wirklich zur Geltung kommen. Ausgenommen natürlich stattliche Arten wie Eibisch und Engelwurz: Das sind markante Solitärstauden für die Einzelpflanzung.

Achten Sie auch auf die spätere Wuchshöhe der Kräuter und ihrer Pflanzpartner. Weder sollten die Kräuter durch höhere Pflanzen übermäßig beschattet werden noch zierliche Blüher und Blattschmuckpflanzen von anderen verdeckt. Pflanzgruppen in Beeten sowie in schmalen Rabatten arrangiert man deshalb nach dem Prinzip der Höhenstaffelung: Große nach hinten, kleine nach vorn.

EXTRA

Blüten als Augen- und Gaumenschmaus

Ein gemischter Kräuter- und Blumengarten ist nicht nur eine ergiebige Quelle für Blumen- und Duftsträuße, etliche Pflanzen bieten auch essbare, recht schmackhafte, teils sogar würzige und gesundheitsfördernde Blüten. Hier eine kleine Auswahl:

Kräuter: Barbarakraut, Bärlauch, Basilikum, Beinwell, Bibernelle, Borretsch, Brunnenkresse, Dill, Kamille, Kapuzinerkresse, Lavendel, Ringelblume, Nachtkerze, Oregano, Pimpinelle, Rosmarin, Rucola, Salbei, Schnittlauch, Ysop

Blumen und Gemüse: Bechermalve, Gänseblümchen, Hornveilchen, Indianernessel, Kürbis, Löwenzahn, Ochsenzunge, Rose, Schlüsselblume, Stiefmütterchen, Sonnenblume, Veilchen, Vergissmeinnicht, Zucchini

Besonders die auffälligen Blüten, etwa von Borretsch und Kapuzinerkresse, sind als Garnierung von Salaten oder Quarkspeisen eine appetitanregende Augenweide. Mit Ringelblumenblüten lassen sich zudem Kräutertees ansprechend dekorieren. Viele passen (vorzugsweise nicht mitgekocht) auch zu Gemüse und Suppen, so z. B. Barbarakraut, Gänseblümchen und Pimpinelle. Manche eignen sich eher für Süßspeisen und Desserts, darunter Stiefmütterchen und – in kleinen Mengen – Lavendel und Rosmarin. Die beiden Letztgenannten munden auch kandiert (mit Zuckerlösung konserviert), ebenso Rosen- und Bechermalvenblütenblätter.

Vorsicht, vermeiden Sie Experimente mit Blumen, über deren Essbarkeit Ihnen nichts bekannt ist! Manche sind hochgiftig, z. B. die von Fingerhut, Eisenhut und Maiglöckchen.

Duftige Rosenbegleiter Begleitpflanzen für Edel-, Beet- und Strauchrosen unterstreichen dezent die Pracht der „Königin der Blumen" und verstärken durch andersfarbige Blüten und Blätter die Wirkung des Rosenflors. Neben Blütenstauden wie Rittersporn und Glockenblume bieten sich hier so manche Kräuter und Duftpflanzen an – allen voran der Lavendel. Weitere hübsche Kandidaten sind Salbei, Thymian, Schaf-Garbe, Heiligenkraut, Currykraut, Oregano (v. a. gelbblättrige Sorten), Goldrute und Beinwell. Die stark aromatischen Kräuter können mit ihrem Duft nebenbei auch so manchen Schädling von den Rosen fernhalten. Allerdings braucht es etwas Fingerspitzengefühl, um die Rosen gezielt mit höheren Nährstoff- und Wassergaben zu versorgen als ihre meist genügsameren Begleiter. Viele der Kräuter bevorzugen zudem kalkhaltige Böden, während die Rosen an solchen Standorten oft gelbe Blätter bekommen, da der Kalk ihre Eisenaufnahme behindert. Solche Rosen-Kräuter-Gemeinschaften gedeihen deshalb am besten an „Kompromiss-Standorten" mit sandig-humosem Boden und neutralem pH-Wert (siehe S. 35).

KOSMOS TIPP

Beim Anlegen eines Steingartens empfiehlt es sich, zuunterst eine Dränageschicht (aus Kies oder Schotter) auszubringen und darüber ein gut durchlässiges Steingartensubstrat. Oder Sie passen den Boden durch reichliches Untermischen von Sand und Splitt an.

Im Steingarten Große, ansprechende Natursteine verleihen den oft am Hang oder als kleine Hügel angelegten Steingärten ihre besondere Wirkung. Zugleich dienen die Steine als Wärmespeicher für die Pflanzen in ihrer Umgebung. Sonnige Steingartenbereiche bieten deshalb ideale Plätze für wärmeliebende Mehrjährige wie Salbei, Thymian, Dost, Oregano, Bohnenkraut, Lavendel, Rosmarin, Tripmadam, Curry- und Heiligenkraut, Wermut, Eber- und Weinraute und Römische Kamille.

Typische Steingartenpflanzen wie Felsensteinkresse, Schleifenblume, Seidelbast und Zwergkiefer sind Standortspezialisten für trockene, magere, oft auch kalkhaltige Böden. Deshalb fühlen sich hier auch viele mediterrane Kräuter wohler als in Ziergartenbereichen mit üppig versorgten Böden. Manche Polsterstauden, etwa Blaukissen oder Kissenastern, sind allerdings für etwas häufigere Nährstoff- und Kompostgaben dankbar. Und je nach Bodenbeschaffenheit und Erntehäufigkeit zählen hier auch Kräuter zu den Kandidaten, die etwas mehr Kompost und Gießwasser brauchen.

Die blauen Blüten von Lavendel passen wunderschön zum edlen Rosenflor.

Steingarten und Trockenmauer bieten gute Plätze für wärmeliebende Kräuter.

Der würzige Bärlauch gedeiht am besten im feuchten Schatten von Gehölzen.

Im Steppengarten Von den Standortverhältnissen her sind sogenannte Steppengärten dem Steingarten recht ähnlich. Im Grunde genommen handelt es sich um Wildstaudenpflanzungen für trockene, sonnige Standorte, geprägt z. B. von Woll-Ziest, Kugeldistel, Steppenkerze, Steppen-Salbei, Federgräsern und Seggen. Das Einstreuen größerer Steine oder eine Bodenbedeckung mit Schotter oder Kies kann die Wirkung solch einer Gestaltung verstärken. Hierzu passen fast alle beim Steingarten genannten Kräuter, wobei die höherwüchsigen (Eber- und Weinraute, Wermut, Beifuß, Curry- und Heiligenkraut sowie Lavendel) eine besonders gute Figur machen. Zudem können trockenheitsverträgliche Ein- oder Zweijährige wie Mariendistel oder Nachtkerze beliebig dazwischengesät werden.

Gehölzschatten und Teich Ganz andere Voraussetzungen herrschen in waldartigen Lebensräumen: gedämpfter Sonnengenuss sowie durch Falllaub angereicherter, oft frischer bis feuchter Humusboden. Die meisten Kräuter gedeihen hier nicht, doch Bärlauch und Waldmeister sind wahre Experten für solche Plätze. Sie lassen sich sehr gut als Bodendecker unter Gehölzen oder am schattigen Gehölzrand einsetzen. Ideal sind humose Standorte zwischen laubabwerfenden Sträuchern und Bäumen, die im Frühjahr bis zum Laubaustrieb noch reichlich Sonne durchlassen. An halbschattigen Gehölzrändern lassen sich auch stattlichere Kräuter wie Engelwurz, Liebstöckel, Beinwell oder Baldrian platzieren, etwa in Gesellschaft von Waldmeister, Eisenhut, Astilben und Farnen. Die Letztgenannten passen auch recht gut in die Umgebung eines naturnahen Teichs, wo sich auch Kurzlebige wie Barbarakraut und Löffelkraut hinzugesellen können. Die Teichkräuter schlechthin sind allerdings Brunnenkresse und Bach-Minze, die sogar ständig „nasse Füße" im Sumpf- oder Flachwasserbereich vertragen.

Eigenständige Kräuterbeete erleichtern die gezielte Pflege und Ernte.

Kräuterbeete

In gesonderten Beeten lassen sich gezielt Kräuter mit ähnlichen Standortansprüchen zusammenpflanzen und besonders einfach pflegen und ernten. Oft ist es dabei zweckmäßig, ein- und mehrjährige Arten in getrennten Beeten oder Beetabschnitten unterzubringen. Natürlich kann jedes Kräuterbeet nach Belieben mit Blumen „aufgepeppt" werden, doch die Würz- und Heilpflanzen spielen hier die Hauptrolle. Das lässt sich bei Lust und Bedarf zu einem regelrechten Kräutergarten ausdehnen.
Im Folgenden geht es vorrangig um Anregungen und Planungshilfen. Die eher „technischen" Aspekte, wie Beeteinfassung oder das Anlegen einer Kräuterspirale, sind im Praxiskapitel beschrieben (siehe S. 36–39).

Beete und Rabatten Das „klassische" Kräuterbeet ist ebenso wie das Gemüsebeet rechteckig oder quadratisch. Üblich ist eine Breite von 1–1,2 m, wobei man von den Seiten aus sämtliche Pflanzen gut erreichen kann. Die Länge kann dann beliebig gewählt werden. Auch die Höhe lässt sich variieren: Hoch- und Hügelbeete ermöglichen Pflege und Ernte mit wenig oder sogar ganz ohne Bücken. Eine attraktive Variante sind kreisrunde Beete oder Rondelle, z. B. als „Inselbeete" in Rasen oder Wiese. Soll das Rondell größer werden, zerteilt man es mit einem mittendurch geführten Weg in zwei Halbkreise. So lässt sich der Durchmesser verdoppeln und trotzdem bleiben alle Pflanzen gut erreichbar.
Bei Rabatten handelt es sich um schmale, lang gezogene Beete, die schnurgerade oder auch geschwungen verlaufen können. Werden sie z. B. an einer Hauswand angelegt, sollten sie nur etwa 60–80 cm breit sein, da die Kräuter nur von einer Seite zugänglich sind. Besonders reizvoll wirken Kräuterrabatten entlang von Wegen, als duftende Begleiter bei jedem Gartenspaziergang. Hier genügen 30–50 cm Breite.
Hochwüchsige Arten kommen im Beet in die Mitte oder, falls sie dort den „rückseitigen" Pflanzen zu viel Licht nehmen würden, in den Hintergrund. Letzteres ist besonders auch für Rabatten an einer Mauer empfehlenswert. Nach vorn pflanzt man die kleineren Arten, außerdem besonders attraktive Kräuter, etwa buntblättrige Salbeisorten.

Kräuterspirale Die Kräuterspirale, auch als Kräuterschnecke benannt, hat ebenfalls einen rundlichen Grundriss. Sie wird durch spiralförmig angeordnete Natursteine strukturiert. Diese setzt man ohne Mörtel so auf, dass die Spirale nach innen allmählich an Höhe zunimmt. So erinnert das Ganze schließlich an die Form eines Schnecken-

KOSMOS

> **TIPP**
>
> In größeren Beeten und Rabatten empfiehlt es sich, ein bis zwei kleine Pfade freizuhalten oder einige Trittsteine auf der Beetfläche zu verteilen, um die Pflege und vor allem auch die Ernte zu erleichtern.

hauses. Als Pflanzflächen dienen die aufgefüllten Zwischenräume zwischen den Steinreihen. Auf dem trockenen, sonnigen „Turm" in der Mitte finden bevorzugt Kräuter wie Thymian und Oregano Platz, unten am Spiralenbeginn mehr feuchtigkeitsliebende Arten wie Liebstöckel oder Petersilie. Der Aufbau im Einzelnen wird bei der Beetanlage beschrieben (siehe S. 37). Eine schöne Ergänzung stellt ein Miniteich am Fuß der Spirale dar, der dann u. a. mit Brunnenkresse bepflanzt werden kann. Solch eine Kräuterspirale sollte mindestens 2 m, besser noch 3–4 m Durchmesser haben. Sie bildet einen besonderen Blickpunkt mitten im Rasen oder vor einer sonnigen Terrasse, lässt sich aber auch in den Gemüsegarten eingliedern.

Die Kräuterspirale ist eine besonders attraktive Gestaltungsmöglichkeit.

EXTRA

Kräutereinfassungen und -hecken

Mehrjährige, strauchähnliche Kräuter lassen sich schön als Beeteinfassung verwenden oder auch als niedrige Hecken zur optischen Abtrennung von Gartenbereichen, entlang eines Wegs oder zur Umrahmung eines Sitzplatzes.
Für Einfassungen und Kleinhecken bieten sich vor allem verschiedene Thymiane, niedrige Ysop- und Salbeisorten sowie Winter-Bohnenkraut an. Halbmeter- bis fast meterhohe Hecken dagegen sind möglich mit Lavendel, Ysop, Heiligenkraut, Currykraut, in sehr wintermilden Lagen auch mit Rosmarin. Eberraute, Weinraute und Zitronenmelisse kommen ebenfalls in Betracht. Die meisten dieser Pflanzen sind immer- oder wintergrün, verlieren aber teils in strengen Wintern ihr Laub, so etwa Ysop und Weinraute.
Für eine Kräuterhecke können Sie die Pflanzabstände etwas enger wählen als in den Pflanzenporträts empfohlen. Auch eine zweireihige Pflanzung ist möglich. Ein regelmäßiger Rückschnitt, je nach Art im Frühjahr oder nach der Blüte, fördert kompakten und dichten Wuchs.

Kunstvoll gegliederte Pflanzflächen prägen den formalen Kräutergarten.

Formale Kräutergärten

Klare Linien, geometrische Formen, symmetrische Umrisse und Unterteilungen – das sind die grundsätzlichen Kennzeichen formaler Gartenanlagen. Ihren Höhepunkt erlebte diese Art der Gestaltung in den Fürstengärten des Barock. Kreative Gartenarchitekten schufen eine Vielzahl spannender Beetgliederungen, teils mit bestechenden Beetmustern, die auch zu dem Begriff „ornamentaler Garten" führten.
Bei den meisten formalen Kräutergärten wird die rechteckige, quadratische oder auch runde Grundfläche durch deutlich gekennzeichnete Linien in geometrische Abschnitte unterteilt. Die Linien werden entweder durch schmale Wege markiert oder aber durch niedrige Hecken aus Buchs, Gamander oder Kräutern wie Lavendel. Kleine Hecken dienen zudem oft als Umrahmung des Ganzen, lassen sich aber auch durch Steinumrandungen ersetzen.
Von alldem ist der Bauerngarten gar nicht so weit weg, wie es vielleicht auf den ersten Blick scheint. In der bekannten Form mit Buchshecken, Wegkreuz und Rondell in der Mitte genügt er durchaus „formalen" Ansprüchen. Schließlich übernahmen die einfachen Leute auf ihren Grundstücken ja auch Anregungen aus den „Herrschaftsgärten".

Vielfältige Formen Ausgehend von einer „klassischen" Bauerngarten-Gliederung können z. B. die vier großen Beetabteile, die durch das Wegkreuz entstehen, durch diagonale Linien weiter unterteilt werden. Führt man je eine davon vom Rondell in der Mitte zur Ecke, ergeben sich je Beetabteil zwei dreieckige Flächen; führt man dazu noch eine zweite Diagonallinie über Kreuz, sind es schon vier kleine Pflanzdreiecke pro Beetabteil. Ein weiterer Kniff wäre beispielsweise, die Rundform des Rondells aufzugreifen und zusätzlich an allen vier Gartenecken Viertelkreis-Beetchen anzulegen.
Mit Diagonallinien lassen sich z. B. auch rautenförmige Pflanzflächen kreieren. Und wenn Sie noch akkurate Rund- bzw. Halbkreisbögen als Linien hinzunehmen, wird die Fülle möglicher Formen fast unendlich.

TIPP

Entstehen durch die Linienführung recht kleine Pflanzsegmente, ist es ganz „im Sinne der Erfinder", sie jeweils nur mit einer Kräuterart zu bepflanzen. Auch das führt zu klaren Farbeffekten, die die formale Unterteilung betonen.

Runde Beetformen kontrastieren reizvoll mit rechtwinkligen Trittplatten.

Barocke Gartenkunst wirkt auch im Kleinformat sehr repräsentativ.

Zum wahren Herzstück der gesamten Gestaltung kann ein Kräutergarten mit rundem Grundriss werden. Hier bietet sich besonders die Wagenradform an: Die Wege oder Hecken verlaufen längs, quer und diagonal durch die Kreismitte, sodass die Linien an die Speichen eines Rads erinnern. Entsprechend präsentieren sich die einzelnen Beetabschnitte in der Form von Tortenstücken. Auf ähnliche Weise lässt sich ein halbkreisförmiger Kräutergarten anlegen – eine sehr schöne Lösung z. B. für den Anschluss direkt an eine Terrasse.

Formale Farbspiele Damit alle Formen auch wirklich gut zur Geltung kommen, müssen die Linien klar sichtbar sein. Linien mit gleichartiger Funktion – z. B. Diagonallinien von der Mitte zur Ecke – sollten aus demselben „Material" bestehen. Handelt es sich dabei um Hecken, können silbrig oder blaugrün belaubte Arten und Sorten den Gliederungseffekt verstärken. Besonders markante Wegbeläge sind z. B. helle Kiesel, rötliche Klinker oder granitgraues Pflaster. Auch gefärbter Rindenmulch oder Splitt kommen durchaus infrage.

Duftbeete

Im Duftgarten gesellen sich zum ästhetischen und Gourmet-Genuss ganz konzentriert betörende Wohlgerüche – ein herrlicher Aufenthaltsort, um die Seele baumeln zu lassen. An einem befestigten Sitzplatz sind kleine Duftparadiese besonders gut aufgehoben, zumindest sollte dort aber genug Platz für eine Gartenbank sein.
Meist handelt es sich beim Duftgarten um eine beetartige oder locker angeordnete Pflanzung von Kräutern, Stauden und Blumen, wobei oft auch einige Gehölze hinzukommen. Zwar spielt hier die Ernte für Würz- und Heilzwecke eine geringere Rolle; dafür kann solch ein Garten reichlich Pflanzen für herrliche Duftsträuße und -potpourris liefern.

Kräuter wie Salbei verströmen erst nach Berühren der Blätter ihren Duft.

Mannigfache Duftspender Da die meisten Kräuter Blatt- und Kontaktdufter sind, die ihr volles Aroma erst beim Berühren oder gar Zerreiben entfalten, sollten ihnen einige „Spontandufter" beigesellt werden. Zu diesen Pflanzen, die über Blüten ihre Wohlgerüche ganz von selbst verströmen, zählen die meisten duftenden Blumen, Zierstauden und Blütengehölze. Außerdem fügen diese den überwiegend würzig-aromatischen Duftnoten der Kräuter vielfältige „blumige" Nuancen hinzu – z. B. auch süßlich, fruchtig, honig- oder vanilleartig.

Eine wertvolle Ergänzung, besonders an Sitzplatz oder Terrasse, stellen Abenddufter dar, auch bekannt und beliebt als „Mondscheinpflanzen": Sie verströmen ihren Blütenduft erst ab der Dämmerung intensiv, um Nachtfalter zur Bestäubung anzulocken. Hier können über Sommer auch Kübelpflanzen wie die Engelstrompete *(Brugmansia)* das abendliche Riechrepertoire ergänzen. Natürlich lassen sich auch tagduftende Kübelschönheiten wie der Zitronenstrauch *(Aloysia triphylla)* nach Belieben hinzugesellen.

Betörend oder aufdringlich? Intensive Gerüche werden nicht von jedem als angenehm empfunden. Bei manchen Menschen können schwere, süßliche Düfte, etwa von Engelstrompete oder Geißblatt, sogar Kopfschmerzen verursachen. Manchmal kippt das ersehnte Sinnenerlebnis auch in ein unangenehmes Geruchswirrwarr um, wenn zu viele unterschiedliche Duftnoten auf engem Raum kombiniert werden. Deshalb ist es am besten, eine Duftpflanzung behutsam aufzubauen, ausgehend von einigen Pflanzen mit vertrauten Wohlgerüchen. Es kann zudem vorteilhaft sein, die eher herbwürzigen und die blumigen bis süßlichen Duftpflanzen in verschiedenen Ecken zu konzentrieren und jeweils nur sparsam ein paar Exemplare aus dem anderen „Lager" einzustreuen.

Duftrasen und -pfade Manche flach wachsende Kräuter und Duftpflanzen sind tatsächlich so robust, dass sie zumindest gelegentliches Begehen vertragen.
Für einen Duftrasen oder -pfad kommen vor allem folgende Pflanzen infrage:
➤ Zitroniger Kümmel-Thymian *(Thymus herba-barona* var. *citriodorus)*
➤ Sand-Thymian *(Thymus serpyllum)*
➤ Lavendel-Thymian *(Thymus thracicus)*
➤ Kriechendes Bohnenkraut *(Satureja repanda, S. spicigera)*

- Römische Kamille *(Chamaemelum nobile)*, Sorte 'Treneague' oder var. *ligulosa*
- Teppichpolei-Minze *(Mentha pulegium* 'Repens' oder 'Penny Royal')

Für einen geschlossenen, bodenbedeckenden Wuchs setzt man mindestens sechs Pflanzen pro m², bei kleinen Pflanzen bis zu 20. Ganz so trittfest wie eine Grünfläche ist ein Duftrasen oder -pfad allerdings nicht. Wenn Sie die Fläche oft betreten möchten, kommt als Alternative das Pflanzen der Kräuter zwischen Rasengittersteine infrage. Mähen ist nur bei der Kamille nach der Blüte nötig, bei Bedarf kann man auch beim Thymian einmal mit dem Rasenmäher (höchste Schnittstufe) darübergehen.

EXTRA

Pflanzen für den Duftgarten

Kräuter
Bärlauch *, Basilikum-Arten, Currykraut, Eberraute, Fenchel, Goldrute, Heiligenkraut, Kamille, Lavendel, Minze-Arten, Nachtkerze **, Rosmarin, Salbei-Arten, Schaf-Garbe, Thymian-Arten, Zitronenmelisse

Ein- und zweijährige Blumen
Nelken °, Goldlack *, Vanilleblume, Duftpelargonien, Duftwicke, Duftsteinrich, Gemshorn **, Levkoje **, Wunderblume, Ziertabak **

Stauden
Steinquendel, Herbstchrysantheme, Taglilie °, Nachtviole **, Indianernessel, Katzenminze, Edelpfingstrose °, Staudenphlox °, Primeln * ° (je nach Art duftende Blüten im Frühjahr oder Sommer), Steppen-Salbei, Seifenkraut **, Duftveilchen *

Zwiebel- und Knollenblumen
Maiglöckchen, Winterling *, Hyazinthe *, Lilien °, Narzissen * °, Tulpen * °

Sträucher und Klettergehölze
Felsenbirne *, Schmetterlingsstrauch, Scheinhasel *, Seidelbast, Kletterhortensie, Geißblatt, Jelängerjelieber **, Magnolie * °, Strauchpfingstrose °, Pfeifenstrauch °, Rosen °, Flieder °, Duft- und Winterschneeball

* = duftende Frühjahrsblüher; ** = Abend- bzw. Nachtdufter; ° = nicht alle Arten/Sorten duftend

Etliche Würzkräuter gedeihen prima an einem hellen Küchenfenster.

Kräuter in Töpfen

Manche wärmeliebende Gewürzpflanzen werden bei uns schon seit jeher als Kübelpflanzen kultiviert, allen voran Rosmarin und Lorbeerbaum. Auf diese Weise lassen sie sich leicht über Winter an einen frostfreien Platz bringen. Darüber hinaus haben sich etliche Kräuter als topftauglich erwiesen und können so auf Balkon, Terrasse oder sogar im Zimmer gehalten werden. Von vielen werden kleinwüchsige, kompakte Sorten oder spezielle Zwergformen angeboten, denen man bei der Gefäßpflanzung den Vorzug geben sollte. Bei der Pflege von Topfkräutern gilt es manche Besonderheiten zu beachten (siehe S. 58–61).

Auf der Fensterbank Im Zimmer lassen sich kurzlebige Kräuter wie Kresse, Basilikum oder Kerbel ziehen. Auch mehrjährige mediterrane Kräuter, z. B. Estragon oder Oregano, fühlen sich unter diesen geschützten Verhältnissen recht wohl. Allerdings entwickeln sie hier ihr Aroma oft nicht ganz so ausgeprägt wie an einem sonnigen Gartenplatz. Dafür lassen sie sich drinnen häufig auch noch über Winter gut beernten. Des Weiteren bieten sich für die Zimmerkultur exotische Arten an, die draußen höchstens als Kübelpflanzen gedeihen, so etwa Zitronengras, Echte Aloe oder Tabasco-Chili. Sie sind auch in einem Wintergarten sehr gut aufgehoben. Der Fensterplatz sollte möglichst hell sein. Von mediterranen Kräutern einmal abgesehen, bekommt die pralle Sonne hinter einem Südfenster jedoch nicht allen Pflanzen. Petersilie beispielsweise, Schnittlauch und sogar Basilikum sind für eine Beschattung um die Mittagszeit dankbar oder stehen besser an einem hellen Südost- oder Ostfenster. Auch wenn sich die Küche als Kräuterstandort anbietet, muss bedacht werden, dass häufiger Küchendunst in kleinen Räumen den Pflanzen ebenso zusetzen kann wie kalte Zugluft. Besonders schwierig wird es mit der trockenen Heizungsluft ab Herbst. Gelegentliches Übersprühen kann deren Auswirkungen etwas lindern. Besser ist es jedoch, wenn sich über Winter ein heller, aber kühler Platz findet, z. B. im Treppenhaus. Besonders die Mehrjährigen, die auch im Garten gedeihen, sollten recht kühl überwintern. Nicht zuletzt fördert zu viel Wärme Schädlinge wie Spinnmilben und Schildläuse.

Auf Balkon und Terrasse Ein sommerlicher Frischluftaufenthalt macht auch für weniger Sonnenhungrige unbeschattete Südlagen erträglich, wobei die direkte Sonne zudem die Aromaausbildung fördert. Und für empfindlichere Pflanzen findet sich meist ein halbschattiges Plätzchen. Neben Balkon und Terrasse kommt für die Topfhaltung im Freien auch ein sonniger Hof infrage, und natürlich können Topfkräuter ebenso gut im Garten platziert werden, z. B. am Gartensitzplatz oder im Steingarten.

Schon ein etwas größerer Balkon bietet zudem den Vorteil, dass sich hier auch recht stattliche Topfkräuter und Kübelpflanzen halten lassen. „Richtige" Kübelpflanzen müssen allerdings frostfrei überwintert werden (siehe S. 61). Die anderen Mehrjährigen können mit etwas Schutz meist im Freien bleiben und lediglich bei starken Frösten ins Haus geholt werden.

EXTRA

Pflanzen für eine mediterrane Gestaltung

Kräuter
Basilikum, Bohnenkraut, Borretsch, Currykraut, Eberraute, Estragon, Fenchel, Heiligenkraut, Kamille, Kerbel, Lavendel, Majoran, Oregano, Petersilie, Rosmarin, Rucola, Salbei, Thymian, Weinraute, Ysop, Zitronenmelisse

Kübelpflanzen und Topfgehölze
Agave, Strauchmargerite, Bougainvillee, Zwergpalme, Zistrose, Orangen-, Zitronenbäumchen, Feige, Efeu, Lorbeer, Brautmyrte, Oleander, Olivenbaum, Granatapfelbaum, Mittelmeerschneeball, Weinrebe

Balkonblumen
Löwenmäulchen, Margeriten, Goldtaler, Ringelblume, Blaue Mauritius, Spanisches Gänseblümchen, Goldlack, Duftwicke, Duftsteinrich, Pelargonie, Geranie, Portulakröschen, Hornveilchen

Kräuter im Garten | Kräuter in Töpfen

Mit geschickt arrangierten Töpfen wird der Balkon zum Kräutergärtchen.

In ansprechenden Gefäßen entfalten mediterrane Kräuter besonderen Charme.

Charmante Gestaltungen Vor allem hübsche Einjährige wie rotblättriges Basilikum oder Borretsch lassen sich in Kästen oder großen Schalen schön mit Balkonblumen oder „Mini"-Tomaten kombinieren. Die Ringelblume ist ohnehin eine bewährte Balkonzierde, ebenso die Kapuzinerkresse, die mit langen Trieben aus einer Hängeampel herabwallen kann. Auch Bohnenkraut, Thymian und andere Kräuter kommen für eine Ampel oder einen Hängekorb infrage.

Auf besondere Weise präsentieren sich die Pflanzen in einem Kräuter- oder Erdbeertopf. Dabei handelt es sich um große, bauchige Gefäße, die nicht nur oben, sondern auch in muldenartigen Öffnungen (Pflanztaschen) an den Seiten bepflanzt werden können. Für die Seitentaschen eignen sich besonders genügsame, polsterartig wachsende Pflanzen wie Thymian oder Tripmadam, oben können auch anspruchsvolle Arten gepflanzt werden. Allerdings sollte solch ein Topf drinnen kühl und hell überwintert werden, falls er Mehrjährige beherbergt.

Mediterranes Flair Viele Kräuter und einige beliebte Kübelpflanzen sind am Mittelmeer zu Hause. Geschickt auf Balkon, Terrasse oder in einem Hof arrangiert, sorgen sie für ein mit Düften angereichertes Ambiente, das geradezu Urlaubsgefühle erweckt. Mit der auf S. 29 genannten Pflanzenauswahl können Sie ganz aus dem Vollen schöpfen und den Traum vom Süden genießen. Passende, eher „filigrane" Gartenmöbel, etwa im Kaffeehaus-Stil oder aus Rattan, machen das Ganze noch stilechter, ebenso Accessoires wie Terrakottatöpfe, schmiedeeiserne Blumenbänke oder Keramikvasen. Wer von vornherein an eine mediterrane Gestaltung denkt, kann sich auch bei den Bodenbelägen (z. B. terrakottafarbene Fliesen oder Natursteinplatten) an südländischen Vorbildern orientieren.

Ähnliches lässt sich auch an einem Gartensitzplatz umsetzen, wobei dann die winterharten Kräuter und Zierpflanzen natürlich in den Boden kommen und die anderen in Pflanzgefäßen hinzugesellt werden.

Pflege & Verwendung

Von der Standortwahl über Aussaat, Pflanzung und Pflege bis hin zur Ernte und Konservierung – hier geht es um alles, was beim Kräuteranbau zum Erfolg und schließlich zum optimalen Genuss verhilft. Dazu gehören auch Tipps für die vielfältigen Möglichkeiten wohltuender Verwendung.

Standort & Boden

Die meisten Kräuter sind im Vergleich zu Gemüse und anderen Gartenpflanzen recht genügsam. Aber auch sie haben ihre Ansprüche. Wenn diese bei der Standortwahl berücksichtigt werden, erweisen sie sich oft als ausgesprochen pflegeleicht.

Viele Kräuter sind ursprünglich Wiesenpflanzen. Manche wachsen in der Natur auch an besonnten Waldrändern oder wurden schon vor langem zu sogenannten Kulturbegleitern, die sich an Äckern oder in Gärten ansiedeln. Auch wenn sich solche Naturstandorte z. B. im Nährstoffangebot unterscheiden, gedeihen die meisten Kräuter gut an einem Gartenplatz, der die nachfolgend beschriebenen Voraussetzungen erfüllt.

Gute Gartenplätze

Kräuterstandorte sollten die meiste Zeit des Tages, mindestens aber fünf bis sechs Stunden, direkt besonnt sein. Für Pflanzen, die gemäß Porträtteil (ab S. 95) auch Halbschatten vertragen, genügt oft schon die Vormittagssonne. Umgekehrt können selbst die ausgewiesenen Sonnenpflanzen vormittags beschattet stehen, sofern sie dann in den Genuss der intensiven Mittagssonne kommen. So oder so ist die Sonne nicht nur ein unverzichtbarer Wachstumsfaktor, sondern

Schnittlauch mag es gern etwas feuchter und gedeiht auch im Halbschatten gut.

Die meisten Kräuter brauchen nur mäßig Nährstoffe, aber reichlich Sonne.

Der anspruchslose Mauerpfeffer wächst selbst auf Sand und zwischen Steinen.

auch entscheidend für die Ausbildung der wertvollen Aroma- und Wirkstoffe.

Durchlässiger Boden Stark tonhaltige oder gar verdichtete Böden, in denen Wasser nur langsam abfließt, sind für die allermeisten Kräuter völlig ungeeignet. Ein schlecht belüfteter Tonboden aus feinsten Mineralkörnchen sollte allerdings nicht mit dem weitaus günstigeren Lehm verwechselt werden: Er besteht zu je einem Drittel aus Sand (grobe Körnchen), Schluff (mittelgroße Körnchen) und Ton (feine Körnchen). Ein Lehmboden ist für die meisten Kräuter recht günstig, doch ein sandiger Lehmboden (Sandanteil von mehr als 50%) eignet sich oft noch besser. Überwiegt allerdings der Sand noch stärker, trocknet der Boden schnell aus und kühlt in Kälteperioden rasch ab. Genügend Humus im Boden, vor allem durch Kompostzufuhr, kann diese Nachteile abmildern. Auch sandige Lehmböden sollten einen guten Humusgehalt aufweisen. Eine übermäßige Versorgung z. B. mit Stallmist ist jedoch für Kräuter nicht empfehlenswert.

KOSMOS TIPP

Tonboden lässt sich mit den Händen leicht zu festen Rollen formen, wobei die Reibflächen glänzen und in den Fingerrillen Reste verbleiben. Röllchen aus Lehmboden dagegen werden schnell rissig und haben stumpfe Reibflächen.

Wärme und Wind Abgesehen von manchen mediterranen Gewächsen sind die Gartenkräuter recht kälteverträglich. Ein warmer, etwas geschützter Platz ist allerdings förderlich, nicht zuletzt auch für die Bildung der wertvollen Inhaltsstoffe. Wo Mauern, Hecken oder größere Nachbarpflanzen etwas abschirmen, ohne zu viel Schatten zu werfen, sind Kräuter am besten aufgehoben. An exponierten Plätzen steigt nicht nur die Frostgefahr. Besonders in Westlagen herrschen hier oft starke Winde, die den Aromastoffgehalt mindern können und das Austrocknen fördern; in ungeschützten Ostlagen werden vor allem die kalten Winterwinde zum Risiko.

Südländische Gewohnheiten Etliche beliebte Kräuter, wie Oregano, Salbei und Ysop, sind mediterraner Herkunft – zu Hause in einem Klima, das von trockenen, heißen Sommern und milden, regenreichen Wintern geprägt wird. Kleine Blättchen, bläuliche Blattfarben oder wachsartige Überzüge sind typische Vorkehrungen solcher Kräuter, um Trockenheit und Hitze besser zu überstehen. Entsprechend brauchen sie im Garten einen möglichst vollsonnigen, warmen, geschützten Platz. In kalten Regionen werden sie teils besser in Töpfen kultiviert, um sie frostfrei zu überwintern. Der Boden sollte besonders gut durchlässig sein, damit größere Regenmengen im Sommer schnell ablaufen können. Zudem gedeihen diese Kräuter oft am besten an nährstoffarmen und zugleich kalkhaltigen Standorten.

Mittelmeerkräuter wie Lavendel kommen mit Trockenheit gut zurecht.

Boden vorbereiten

Werden ganz neue Beete auf Wiesen- oder Rasenflächen angelegt, schält man zunächst den Grasbewuchs ab. Stechen Sie dazu den Spaten in recht flachem Winkel ein, um die Grassoden samt Wurzeln abzutrennen. Sie eignen sich gut zum Kompostieren.

Tiefgreifende Lockerung Erstmals in Kultur genommene Böden werden am besten umgegraben, ebenso verdichtete oder stark verunkrautete Flächen. Dies geschieht vorzugsweise im Herbst, weil dann Winterfröste

Beim Umgraben werden die Schollen spatentief ausgehoben und gewendet.

Sand wird zur Bodenlockerung breitwürfig ausgestreut und dann flach eingearbeitet.

helfen können, die Erdschollen zu zerkrümeln. Lesen Sie schon beim Umgraben alle Unkrautreste und -wurzeln aus, ebenso bei allen weiteren Arbeitsgängen.

Wenn der Boden bereits gut „in Schuss" und recht locker ist, kann man auf das Umgraben verzichten, um die unzähligen nützlichen Organismen im Boden zu schonen – und den eigenen Rücken. In diesem Fall lockert man mithilfe einer Grabegabel, die man in Abständen von etwa 10 cm in den Boden sticht und hin und her rüttelt. Alternativ oder ergänzend kann ein Sauzahn, ein Gerät mit kräftigem, gebogenem Zinken mit pflugartiger Spitze, durchgezogen werden.

Die Feinbearbeitung Im zeitigen Frühjahr bzw. etwa vier Wochen vor dem Säen oder Pflanzen folgt der nächste Arbeitsgang. Nun werden mit Hacke oder Kultivator bzw. Grubber (mit 3–5 kurzen, gekrümmten Zinken) die verbliebenen Schollen und Klumpen zerkleinert und aufgelockert. Abschließend wird die Oberfläche mit dem Rechen eingeebnet. Nun kann sich der Boden noch etwas setzen. Gehen Sie dann kurz vor Aussaat oder Pflanzung nochmals mit dem Kultivator oder einem Gartenwiesel (Gerät mit rotierbaren Metallsternen) durch, und sorgen Sie mit dem Rechen für eine feinkrümelige Oberfläche ohne Mulden.

Bodenverbesserung Günstig für alle Böden ist die Zugabe von gut vererdetem Gartenkompost, ersatzweise käuflichem Grüngutkompost oder Rindenhumus (kein Rindenmulch!). Ausgebracht wird der Kompost schon im Herbst oder beim zweiten Lockerungsgang im zeitigen Frühjahr. Verteilen Sie ihn rund 2 cm hoch (bei Sandböden etwas höher) über die Fläche und arbeiten Sie ihn dann mit Rechen oder Kultivator nur flach ein. Extrem leichte, sandige Böden lassen sich außerdem durch Einarbeiten von Tonmehlen (z. B. Bentonit) verbessern, recht tonhaltige Böden dagegen durch Untermischen von grobem Sand, Splitt, feinem Kies oder Schotter oder Lavagrus.

EXTRA

Säuregrad, pH-Wert, Kalkgehalt

Der Säuregrad eines Bodens hat vor allem Einfluss darauf, wie gut die Pflanzen bestimmte Nährstoffe aufnehmen können. Er lässt sich als pH-Wert messen. Die pH-Wert-Skala reicht von 0 (extrem sauer) bis 14 (extrem alkalisch). Saure Böden (pH-Wert unter 5,5) enthalten kaum Kalk, alkalische bzw. basische Böden (pH über 7,2) dafür in der Regel umso mehr.

Den pH-Wert Ihres Bodens können Sie mit Testsets aus dem Fachhandel bestimmen. Noch mehr empfiehlt es sich aber, eine gründliche Untersuchung von Bodenproben durch ein Labor in Auftrag zu geben (Adressen bei der Landwirtschaftskammer nachfragen oder im Branchenbuch suchen). Solche Bodenuntersuchungen werden öfter auch von Gärtnereien und Gartencentern angeboten. Das Ergebnis der Analyse informiert Sie nicht nur genau über pH-Wert und Kalkgehalt, sondern auch über andere Nährstoffgehalte und die Bodenart.

Die meisten Kräuter gedeihen auf einem in etwa neutralen Boden (pH 6–7) am besten, für kalkliebende wie Lavendel & Co. liegt der pH-Wert besser bei 7–8. Verwenden Sie bei Bedarf nur Kalkdünger wie kohlensauren, Algen- oder Dolomitkalk, die den pH-Wert allmählich anheben. Diese werden vorzugsweise im Herbst oder zeitigen Frühjahr eingearbeitet.

Beete anlegen

Neue Kräuterbeete werden am besten schon im Spätsommer geplant und ab Frühherbst angelegt. Eine Kräuterspirale kann man auch im zeitigen Frühjahr aufsetzen, doch die Vorbereitungen, etwa die Steinbeschaffung, laufen besser schon früher an.

Wie schon bei der Gestaltung erwähnt, haben sich für Kräuterbeete Breiten von 1–1,2 m bewährt, für nur einseitig zugängliche Rabatten 60–80 cm. Gemüsebeete werden gern etwa 2 m lang angelegt, für Kräuterbeete bevorzugt man aber oft fast quadratische Umrisse.

Abstecken & einfassen

Spätestens vor der Feinbearbeitung neuer Flächen markiert man mit Pflöcken und daran aufgespannten Schnüren den genauen Beetumriss. Dann wird auch gleich die Anlage einer Wegumrandung oder Beeteinfassung vorgenommen.

Mit Pflock und Schnur können Sie nicht nur rechteckige Umrisse abstecken: Es braucht lediglich ein paar Pflöcke mehr, um z. B. auch Kreisformen oder geschwungene Rabattenkanten zu markieren. Hilfreich ist dabei auch ein langer Schlauch, mit dem man zunächst eine „Schablone" auslegen kann. Formale

Unregelmäßige Beetumrisse lassen sich gut mit hellem Sand markieren.

Natursteinpflaster eignet sich für Einfassungen ebenso wie als Wegbelag.

Eine Kräuterspirale wird bald zum naturnahen Blickfang der Gartengestaltung.

und kunstvolle Gestaltungen z. B. mit Diagonallinien werden am besten zuerst auf dem Papier skizziert: mit maßstabsgerechten Plänen samt Kopien, um diverse Entwürfe durchzuspielen.

Beeteinfassungen Eine Beetabgrenzung zu den angrenzenden Bereichen ist oft empfehlenswert. Sie hemmt die übermäßige Ausbreitung wuchernder Kräuter ebenso wie das Eindringen von Unkräutern oder Gräsern und den Erdabtrag. Senkrecht eingegrabene Kunststoff- bzw. Aluminiumbänder oder Platten sind preiswert und leicht zu verlegen. Für attraktiveres Kräuterbeetflair sorgen allerdings Ziegelsteine, große Natursteine oder Kiesel, Holzpalisaden oder rustikale Bretter. Zum Rasen hin dagegen sind ebenerdig eingesetzte Randsteine oder Plattenwege oft die beste Lösung, weil so bequem bis an den Rand des Beets gemäht werden kann.
Sehr schön wirkt natürlich auch eine pflanzliche Umrahmung mit Buchs, Gamander oder Kräutern. Vor allem für Beete mit kurzlebigen Kräutern kommt außerdem eine attraktive Einfassung mit einjährigen Blumen wie Tagetes (Studentenblumen) oder Ringelblumen infrage. Da solche Abgrenzungen in erster Linie optisch wirken, können sie zusätzlich von einer festen Stein- oder Holzeinfassung umrahmt werden.

Kräuterspirale

Für die bereits auf S. 23 kurz vorgestellte Kräuterspirale bedarf es – bei 2–4 m Durchmesser – einer Fläche von rund 5–15 m². Nach dem Markieren des Umrisses wird zunächst der Boden spatentief ausgehoben und Kies oder Schotter als Dränage eingebracht. Wenn Sie einen kleinen Teich am Rand der Spirale anlegen möchten, richten Sie dann auch gleich die Grube her – entweder für eine Abdichtung mit Teichfolie, für ein kleines Fertigbecken oder eine eingesenkte Bauwanne. Oft wird empfohlen, den Teich an der Südseite der Spirale zu platzieren. Besser jedoch wählt man eine Stelle, die später nicht den ganzen Tag in der prallen Sonne liegt, etwa an der Ostseite. Andernfalls erhitzt sich das Wasser in dem kleinen Becken im Sommer sehr schnell.

Kräuterspirale

1. Befüllen Sie die Pflanzstreifen der Mauerspirale zuunterst mit Kies oder Schotter als Dränage, und bringen Sie darüber geeignete Pflanzerde aus.

2. Bei diesem natürlich wirkenden Aufbau ist der höchste Bereich von der Seite her gut zugänglich, und die mittlere Ebene bietet viel Pflanzfläche.

3. Verteilen Sie die Kräuter zunächst in Töpfen, um vor dem Einpflanzen, wenn nötig, noch Anordnung und Abstände zu korrigieren.

4. Die heranwachsenden Kräuter schließen schon bald die Lücken, wenn sie an den passenden Standort gesetzt wurden.

Aufsetzen der Steine Nun gilt es, die Natursteine spiralförmig so aufzusetzen, dass die Höhe nach innen allmählich ansteigt. Zwischen den Wandungen muss dabei 50–60 cm Platz bleiben, denn diese Streifen sind die späteren Pflanzflächen. Am einfachsten geht es, wenn man zunächst nur eine Steinlage auslegt, um damit die Grundstruktur der Spirale zu markieren und bei Bedarf zu korrigieren. Die Spirallinie kann sehr regelmäßig verlaufen oder auch etwas „lockerer", sodass die turmartige Mitte später nicht ganz genau im Zentrum liegt.
Je nach Spiralen- und Steingröße beginnt man außen mit ein bis drei aufgeschichteten Steinlagen und fügt dann – langsam ansteigend – weitere Lagen hinzu. Die Mitte kann schließlich 50–120 cm Höhe erreichen. Falls die Schichtung einfach nicht stabil werden will, z. B. wegen sehr unregelmäßiger Steinformen, können Sie etwas Erde oder Lehm als Fugenmaterial einbringen.
Da die unteren Steinreihen in der Mitte später nicht mehr zu sehen sind, können dafür auch unansehnlichere Brocken verwendet werden. Eine Alternative ist das Vormodellieren der Fläche, indem man einen nach außen abfallenden Hügel aus Schotter als Kern aufschichtet. Das erspart so manche Steinreihen, macht es aber nicht unbedingt leichter, die Spirale ansehnlich aufzusetzen.
Steht die Spiralmauer, werden die Pflanzzwischenräume zuunterst mit Kies oder Schotter aufgefüllt, in den höheren Bereichen etwa bis zur Hälfte. Darüber kommt dann der ausgehobene Boden oder Erde aus anderen Gartenteilen; für die Pflanzen im unteren Teil mit Kompost verbessert, für die ganz oben mit Sand oder feinem Splitt.

Die Kräuterspirale bepflanzen Beachten Sie beim Bepflanzen, dass Teile des unteren Bereichs – je nach Lage und Ausrichtung – etwas weniger Sonne abbekom-

men und dann nur für halbschattenverträgliche Kräuter geeignet sind.
Ansonsten wachsen am Spiralenanfang eher nährstoff- und feuchtigkeitsliebende Kräuter wie Kerbel, Petersilie, Schnittlauch, Rucola, Pfeffer-Minze, Sauerampfer und Barbarakraut. Sitzen sie in der Nähe des kleinen Teichs, genießen sie zudem die erhöhte Luftfeuchtigkeit. Der nächste Abschnitt bietet sich z. B. an für Zitronenmelisse, Borretsch, Pimpinelle, Portulak und Schnitt-Sellerie, mit zunehmender Höhe auch für Bohnenkraut, Estragon und Ysop.
Ganz obenauf thronen trockenheitsverträgliche Arten wie Majoran, Oregano, Currykraut, Thymian und Lavendel. Zusätzlich können in die Steinfugen Sandthymian und Tripmadam gepflanzt werden. Sehr hoch- oder breitwüchsige Pflanzen wie Liebstöckel und Beinwell setzen Sie besser an den Rand oder in den Hintergrund der Kräuterspirale.

Sonnenkinder wie Oregano werden möglichst weit oben platziert.

EXTRA

Ein Hochbeet für bequemes Gärtnern

Mithilfe einer kastenartigen Konstruktion können Sie Ihr Kräuterbeet vom Erdniveau auf eine rücken- und kniefreundliche Arbeitshöhe „hieven". Solch ein Hochbeet hat dieselben Maße wie ein Erdbeet, ist also rund 1,2 m breit und beliebig lang. Seine Seitenwände werden je nach Körpergröße 0,8–1 m hoch gewählt.
Die Wände lassen sich mit (druckimprägniertem) Holz errichten, z. B. mit starken Brettern, Balken oder Rundhölzern. Vier Eckpfosten, bei Bedarf verstärkt durch zwei in der Mitte der Längsseiten, stützen die Konstruktion und werden mit Pfostenschuhen aus Metall im Boden verankert. Die Innenseiten schützen Sie am besten mit kräftiger Teichfolie gegen durchrieselnde Erde und Feuchtigkeit. Etwas arbeitsaufwendiger, aber länger haltbar ist ein Hochbeet mit gemauerten Steinwänden.
Das „klassische" Hochbeet im Gemüsegarten wird mit einer bestimmten Schichtung aus organischen Materialien befüllt: Gehölzschnitt, Grassoden, Laub, halb zersetzter Kompost und schließlich Muttererde. Beim Verrotten sor-

gen diese Materialien für Wärme und setzen Nährstoffe frei. Dabei sackt das Ganze langsam zusammen und muss nach etwa 5 Jahren wieder neu aufgeschichtet werden.
Allerdings gedeihen hier in den ersten 2 Jahren nur wirklich nährstoffliebende Kräuter. Besser eignet sich ein Hochbeet, das unten mit Kies oder Schotter als Dränage befüllt wird und darüber mit einer Pflanzerde, die auf die Ansprüche der Kräuter zugeschnitten ist.

Säen & Pflanzen

Gut entwickelte Jungpflanzen bieten die beste Voraussetzung für gesundes Wachstum und aromatische Ernten. Eigene Anzucht ist nicht immer nötig. Doch nicht zuletzt macht es auch Spaß, Pflanzen komplett vom Samen oder Steckling bis zur Ernte heranzuziehen.

Vor allem ein- und zweijährige Kräuter wie Dill und Petersilie werden am einfachsten ohne späteres Verpflanzen direkt gesät.

Kräutergärtnereien halten eine große Auswahl an Jungpflanzen bereit.

KOSMOS TIPP

Wer Wert auf von Anfang an völlig „chemiefreie" Kräuter legt, findet im Fachhandel zunehmend auch Biosaatgut sowie Jungpflanzen aus biologischem Anbau.

Andere, z. B. Majoran, kann man recht einfach im Warmen vorziehen und später nach draußen setzen. Speziellere Arten und Sorten sind ohnehin oft nur als Samen erhältlich. Soweit verfügbar, verlangen käufliche Jungpflanzen allerdings weniger Mühe und Geduld. Teils braucht man sowieso nur wenige Exemplare, wie etwa beim Liebstöckel, sodass die meisten Samen in der Tüte bleiben. Bei manch anderen Mehrjährigen ist die Anzucht aus Samen recht langwierig oder teils auch gar nicht möglich.

Samen- & Pflanzenkauf

Samen und Jungpflanzen vieler Kräuter gibt es in fast allen Gartencentern, gängige Arten oft sogar in Bau- oder Supermärkten. Häufig lohnt sich allerdings der Besuch einer Stauden- oder Gemüsegärtnerei mit Kräutern im Programm. Denn hier findet man öfter auch vorgezogene Jungpflanzen von Kräutern, die anderswo nur als Samen im Handel sind, und das in hoher Qualität mitsamt kompetenter Beratung. Letzteres gilt ebenso für gute Fach-Gartencenter. Teils bieten Gärtnereien ihre Pflanzen auch auf Wochenmärkten an. Spezialisierte Kräutergärtnereien, die manchmal auch als Duftpflanzen- oder Raritätengärtnerei firmieren, versenden häufig ebenfalls Samen und Jungpflanzen. Die An-

In einem Kasten lassen sich die Samentüten nach Aussaatdatum vorsortieren.

Vom wüchsigen Liebstöckel genügen oft schon ein oder zwei Pflanzen.

gebotsfülle und meist auch Qualität der Ware lassen hier selten etwas zu wünschen übrig.

Auf Qualität achten Im Allgemeinen erhält man überall Saat- und Pflanzgut, das grundsätzlich in Ordnung ist. Doch es rentiert sich oft, etwas näher hinzuschauen und ein wenig mehr für ausgewiesene Qualitätsware auszugeben. Bei Samentüten sind Keimschutzverpackungen sowie klare Kennzeichnungen des Abpack- oder Haltbarkeitsdatums ein deutliches Plus.
Jungpflanzen sollten zunächst einmal einen gut gepflegten Eindruck machen: mit kompaktem Wuchs, mit nicht zu trockener Erde, ohne untypisch aufgehellte oder gar braune Blätter und in ausreichend großen Verkaufstöpfen. Werfen Sie auch einen Blick auf die Blattunterseiten: Hier sollten keinerlei Krankheitsanzeichen oder gar Schädlinge versteckt sein. Über Versand bezogene Pflanzen müssen gleich nach Eingang ausgepackt, gut versorgt und gründlich geprüft werden.

Saatgut aufbewahren Gerade bei Kräutern braucht man oft nur kleine Mengen für die Anzucht oder Aussaat. Verschließen Sie angebrochene Samentüten gut, und bewahren Sie diese bis zum nächsten Saattermin trocken, kühl (ideal um 5 °C) und am besten dunkel auf. Sie können auch in Dosen, Kisten oder dunkel getönten Schraubgläsern verstaut werden. Wie lange die Samen ihre Keimfähigkeit behalten, ist je nach Art unterschiedlich. Meist bleiben sie bei sachgemäßer Lagerung zwei bis drei Jahre recht vital; Ringelblumensamen halten sogar bis zu sechs Jahre.

Aussaat im Beet

Kommen die Samen ohne späteres Verpflanzen gleich an Ort und Stelle, spricht man auch von Direktsaat. Es ist zwar günstig, wenn der Boden dafür leicht feucht ist, doch lassen Sie nach starken Regenfällen die Oberfläche besser ein paar Tage abtrocknen. So können Sie viel leichter eine ebene, feinkrümelige Oberfläche herstellen, was gerade für die oft feinen Kräutersamen wichtig ist.

Saatreihen anlegen In Reihen gesäte Kräuter lassen sich leicht pflegen und ernten. Zum Bodenlockern und Jäten kann man einfach mit Hacke oder Kultivator die Zwischenräume bearbeiten. Da man oft nicht allzu große Mengen von einer Art braucht, bieten sich im reinen Kräuterbeet eher kürzere Querreihen parallel zur Beetschmalseite an. Soll längs gesät werden, z. B. zwischen Gemüsereihen, können innerhalb einer Reihe auch die Kräuterarten abwechseln. Berücksichtigen Sie stets die jeweils nötigen Reihenabstände nach Angaben auf der Samentüte oder im Porträtteil (ab S. 95). Markieren Sie die Reihen am besten mit an Pflöcken aufgespannten Schnüren, und ziehen Sie an diesen entlang die Saatrillen. Lichtkeimer brauchen allerdings höchstens flache Rillen oder werden einfach entlang der Schnur auf dem Boden ausgestreut.

EXTRA

Saat- und Pflanztermine

- ➤ Das Kräuterjahr beginnt mit der Anzucht von Ein- wie Mehrjährigen, die meist zwischen März und Mai durchgeführt wird. Manches lässt sich für eine frühe Ernte auch schon im Februar vorziehen, doch oft mangelt es zu der Zeit noch am nötigen Licht.
- ➤ Die Hauptsaatzeit draußen startet im April, bei robusteren Arten bzw. mildem Wetter auch schon im März. Das gilt vor allem für Einjährige, aber auch einige Mehrjährige wie Schnittlauch und Winter-Bohnenkraut eignen sich nun gut für eine Beetsaat. Besonders wärmeliebende Arten wie Majoran oder Portulak werden besser erst ab Mai gesät.
- ➤ Manche Arten, z. B. Dill, Kresse und Rucola, können noch bis zum Spätsommer oder Herbst gesät werden. Hier bieten sich Folgesaaten an: Wenn Sie etwa alle zwei bis vier Wochen kleinere Mengen säen, stehen Ihnen über Monate frische Kräuter in bedarfsgerechten Portionen zur Verfügung.
- ➤ Einige Kräuter, etwa Löffelkraut und Barbarakraut, lassen sich wahlweise im Frühjahr oder im Spätsommer/Herbst säen, haben aber im Hochsommer eine Saatpause.
- ➤ Vorgezogene Einjährige können teils schon ab April ausgepflanzt werden. Kälteempfindliche Arten wie Basilikum und Paprika sollten allerdings frühestens Mitte Mai, bei kühler Witterung noch später, ins Freie kommen.
- ➤ Mehrjährige (gekaufte) Jungflanzen werden meist im März/April oder im Herbst nach draußen gesetzt. Für frostempfindliche Pflanzen empfiehlt sich der Frühjahrstermin. Teils haben die Jungpflanzen als sogenannte Containerpflanzen bereits einen sehr gut durchwurzelten Erdballen. In diesem Fall können sie das ganze Jahr über bei frostfreiem Wetter in den Boden kommen. Doch auch sie wachsen am besten im Frühjahr, Frühsommer oder Herbst an.
- ➤ Drinnen überwinterte Kübelpflanzen wie Lorbeer oder Anisverbene werden bevorzugt im Frühjahr, kurz vor Austriebsbeginn, ein- oder umgetopft. Nach draußen kommen sie aber erst ab Mitte Mai.

Säen & Pflanzen | Aussaat im Beet | **43**

KOSMOS TIPP

Die Samen von Lichtkeimern wie Kamille und Majoran keimen nicht unter einer dicken Erdschicht, sondern brauchen Helligkeit. Man drückt sie nur leicht an der Bodenoberfläche an oder überstreut sie höchstens hauchfein mit Erde, die die Samen ein wenig schützt.

Säen und Ausdünnen Streuen Sie die Samen möglichst gleichmäßig und nicht allzu dicht in den Rillen aus. Ziehen Sie dann die Rillen mit Erde zu, sofern es sich nicht um Lichtkeimer handelt. Die Erdabdeckung sollte etwa doppelt so hoch sein wie die Samen dick sind, bei feinem Saatgut also nicht allzu stark. Drücken Sie die Erde bzw. die Samen etwas an und gießen Sie dann gründlich mit feiner Brause – nicht mit kräftigem Strahl, denn das könnte Samen wegschwemmen. In der Folgezeit muss der Boden stets feucht gehalten werden. Haben sich die Sämlinge gut entwickelt, stehen sie meist zu eng. Ziehen Sie dann vorsichtig so viele Pflänzchen heraus (bevorzugt die schwächeren Exemplare), dass die Verbleibenden den richtigen Abstand haben. Nur so können sie sich gut weiterentwickeln.

Majoran ist ein Lichtkeimer und darf nach der Aussaat nicht abgedeckt werden.

1.
Die Samen werden möglichst gleichmäßig in den zuvor gezogenen Rillen ausgestreut, mit der Hand, direkt aus der Samentüte oder mit einem gefalteten Karton als Sähilfe.

2.
Größere Samen lassen sich gut einzeln und gleich auf Endabstand auslegen.

3.
Für lange Reihen, z. B. bei einer Beeteinfassung, kann man eine Särolle zur Hilfe nehmen.

4.
Nach dem Säen werden die Samen mit der Hand oder mit dem Rechen durch Beiziehen von Erde abgedeckt.

5.
Zum Schluss wird gründlich mit feiner Brause angegossen und die Saat auch danach gleichmäßig feucht gehalten.

Saatbänder und -scheiben Immer öfter werden Saatbänder mit Kräutern angeboten. Hier sind die Samen schon im nötigen Endabstand zwischen zwei Spezialpapierstreifen befestigt, die mit der Zeit verrotten. Das erspart späteres Ausdünnen. Die Bänder werden in gewünschter Länge zugeschnitten, in die Rillen ausgelegt, mit Erde abgedeckt, gründlich angegossen und feucht gehalten. Nach demselben Prinzip verwendbare rundliche Saatscheiben sind vor allem für Kräuter in Töpfen gedacht und enthalten teils mehrere Arten oder Sorten auf einer Scheibe.

Breitwürfige Saat Wenn man die Kräuter lieber gruppenweise auf „Fleckchen" statt in akkuraten Reihen haben möchte, können die Samen einfach über der vorgesehenen Fläche ausgestreut werden. Bei dieser Methode stehen die Sämlinge später allerdings recht eng, sodass gründlich ausgedünnt werden muss. Feine Samen lassen sich besser verteilen, wenn man sie vor dem Ausstreuen mit Sand vermischt. Zum Schluss werden die Samen eingeharkt, wenn nötig noch mit etwas Erde überstreut und gut angegossen.

Anzucht aus Samen

Gewächshaus, Frühbeet oder Wintergarten sind für die Anzucht ideal – je nach Zeitpunkt allerdings nur, wenn es dort eine Heizmöglichkeit gibt. Ansonsten findet die Anzucht meist auf der Fensterbank statt. Der Platz sollte möglichst hell sein. Wichtig ist es jedoch, dass die Sämlinge von allzu praller Mittagssonne verschont bleiben, etwa durch zeitweilige Schattierung. Meist bereitet aber eher ein Lichtmangel Probleme, besonders bei sehr zeitiger Anzucht. Statt des ersehnten Wachstumsvorsprungs kommt es dann zu staksigen, klein- und fahlblättrigen Pflänzchen, die vielleicht noch nicht einmal das Aussetzen lohnen. Hier können spezielle Vermehrungsleuchten aus dem Fachhandel für Abhilfe sorgen.

Nützliches Zubehör Praktische Anzuchthilfen sind die sogenannten Minigewächshäuser, die aus einer Schale bzw. Wanne samt transparenter Abdeckhaube bestehen. Die Haube sorgt für ein luftfeuchtes, warmes Kleinklima nach der Aussaat. Verwenden Sie für die Anzucht stets nur ausgewiesene Aussaat- bzw. Vermehrungserde, die nährstoffarm und keimfrei ist. Solche Spezialerden werden auch als Substrate bezeichnet und sind auch auf torffreier Basis erhältlich.
Für das Gießen ist ein Wasserzerstäuber oder ein feinstrahliger Brausenaufsatz ratsam.

Das Aussäen Die Anzuchterde wird so hoch in Schalen oder kleine Töpfe eingefüllt, dass oben ein Gießrand von etwa 1 cm frei bleibt. Stoßen Sie die Gefäße leicht auf, damit sich die Erde setzt. Ebnen Sie dann die Substratoberfläche ein und drücken Sie diese etwas fest, z. B. mit einem kleinen Holzbrettchen. Streuen Sie dann die Samen möglichst gleichmäßig aus. Bei Lichtkeimern werden die Samen nur leicht angedrückt und höchstens hauchfein mit etwas Erde überstreut. Samen anderer Arten deckt man ein- bis zweimal so hoch mit Erde ab, wie sie dick sind. Feuchten Sie zum Schluss alles kräftig an.

Die Keimung fördern Die meisten Kräuter keimen optimal zwischen 15 und 20 °C, höhere Temperaturen sind oft sogar nachteilig. Nur wenige mögen es wirklich wärmer, z. B. Basilikum und Gewürzpaprika. Halten Sie die Saaten stets feucht, aber nicht zu nass. Eine Abdeckhaube oder über die Gefäße gelegte Glasscheiben oder Folien schützen vor Verdunstung. Je nach Art dauert es nur wenige Tage oder zwei bis drei Wochen, bis die ersten grünen Spitzen erscheinen. Dann muss die Abdeckung z. B. durch eingeklemmte Holzklötzchen etwas angehoben oder stundenweise abgenommen werden, damit die Sämlinge genug Luft bekommen.

KOSMOS TIPP

Bei aus Samen oder Stecklingen gezogenen Jungpflanzen, die sich nur schwach verzweigen, kann das Abschneiden oder Auskneifen der Triebspitzen einen kompakteren, buschigeren Wuchs fördern.

Sind die meisten Samen aufgegangen, wird der Verdunstungsschutz komplett entfernt.

Pikieren Wenn sich über den meist rundlichen Keimblättern die ersten richtigen Laubblätter gebildet haben, wird es Zeit zu pikieren, d. h., die Sämlinge kommen einzeln in kleine Töpfe. So erhalten sie mehr Platz und zugleich einen Anreiz, verstärkt neue Wurzeln auszubilden. Verwenden Sie auch dafür nur Anzucht- oder spezielle Pikiererde. Danach können die Sämlinge ein paar Grad kühler stehen. Wachsen sie sehr schnell heran, können sie vor dem Auspflanzen nochmals in größere Töpfe umgesetzt werden.

1. Zunächst wird die Erde in der Anzuchtschale eingeebnet und leicht angedrückt. Am besten geht das mit einem Holzbrettchen.

2. Nun verteilt man die Samen möglichst gleichmäßig und nicht allzu dicht auf der Oberfläche und drückt sie mit dem Holzbrett etwas an.

3. Ein Sieb ist eine gute Hilfe, um die Samen mit Erde zu überstreuen. Danach wird alles gründlich angefeuchtet, mit einem Wasserzerstäuber oder Gießkanne mit feiner Brause.

4. Haben sich die Sämlinge gut entwickelt, wird pikiert. Dicht stehende Sämlinge kann man büschelweise herausnehmen und dann vorsichtig auseinanderziehen.

5. Beim Einsetzen der Sämlinge mit ihren zarten Wurzeln ist ein Pikierholz hilfreich.

6. Nach dem Pikieren werden die Sämlinge angegossen und in der Folgezeit stets feucht, aber nicht zu nass gehalten.

Bei der Teilung wird dichtes, festes Wurzelwerk mit dem Messer zertrennt.

Der Lorbeer lässt sich über im Sommer geschnittene Stecklinge vermehren.

Vermehren

Vor allem von Ein- und Zweijährigen können oft recht einfach die Samen geerntet und nach trockener, kühler Aufbewahrung in der nächsten Saison gesät werden. Doch bei der Bestäubung und Befruchtung, die der Samenbildung vorausgeht, mischen sich die Gene unterschiedlicher Pflanzen. Der Nachwuchs kann deshalb recht unterschiedlich ausfallen, auch in Bezug auf die Wirkstoffgehalte. Gekauftes Qualitätssaatgut bietet da mehr Sicherheit.

Bei der vegetativen Vermehrung über Pflanzenteile dagegen, z. B. durch Stecklinge, haben die Nachkommen dasselbe Erbgut wie die Mutterpflanze. Allerdings eignen sich solche Verfahren hauptsächlich für Mehrjährige. Wählen Sie für die vegetative Vermehrung stets die besten, gesündesten und aromatischsten Mutterpflanzen.

Teilung Das Teilen ist die einfachste Möglichkeit, von älteren Kräutern Nachwuchs zu gewinnen. Diese Methode lässt sich bei fast allen mehrtriebigen Stauden und Halbsträuchern mit dicht verzweigtem Wurzelwerk anwenden. Geteilt wird im Herbst oder Frühjahr. Das Teilen trägt auch zur Verjüngung bei, wenn die Wuchsfreude nachlässt. Graben Sie dazu die Pflanzen vorsichtig aus und zertrennen Sie sie samt den Wurzeln in Teilstücke. Diese sollten aus den jüngeren Bereichen der Horste bzw. Pflanzen stammen und mindestens eine Triebknospe sowie ausreichend Wurzelwerk besitzen. Schnittlauch z. B. lässt sich einfach mit den Händen auseinanderziehen, für kräftigere Wurzeln brauchen Sie ein scharfes Messer oder einen Spaten zum Zertrennen. Pflanzen Sie Teilstücke gleich an einen neuen Platz mit zuvor gut gelockertem Boden und gießen Sie dann gründlich an.

Ausläufer Manche Pflanzen bilden unterirdische oder am Boden kriechende Ausläufer, die sich bewurzeln und neue Triebe hervorbringen. Dazu gehören Estragon, Minzen, Oregano, Zitronenmelisse und Waldmeister. Bewurzelte Ausläuferstücke, am besten mit zwei bis drei verdickten Knoten bzw. Triebansätzen, können zur Vermehrung jederzeit abgetrennt und eingepflanzt werden.

Stecklinge Besonders für die Halbsträucher unter den Kräutern sowie für Kübelpflanzen wie Lorbeer kommt auch eine Vermehrung über Stecklinge infrage. Mit diesem Verfahren kann man recht viele Nachkömmlinge von einer Mutterpflanze gewinnen, was z. B. für das Anlegen einer Kräuterhecke sehr vorteilhaft ist.
Stecklinge sind 10–20 cm lange, beblätterte Stücke von jungen, nicht blühenden Trieben, die man bei den meisten Arten am besten im Frühsommer schneidet. Oft eignen sich von den Triebspitzen geschnittene Kopfstecklinge besonders gut, es geht bei vielen Kräutern aber auch mit Teilstücken aus der Triebmitte. Schneiden Sie die Stecklinge mit einem scharfen, sauberen Messer kurz unterhalb eines Blattknotens schräg ab. Entfernen Sie dann das unterste Blatt bzw. Blattpaar und stecken Sie das Triebstück so in einen Topf mit Anzuchterde, dass die verbliebenen untersten Blätter knapp über die Oberfläche kommen. Die Wurzelbildung lässt sich fördern, wenn man zuvor das untere Ende in ein Bewurzelungspulver aus dem Fachhandel stippt. Abschließend wird die Erde angedrückt und leicht angefeuchtet.
Bringen Sie dann die Stecklinge an einen recht warmen, hellen, aber keinesfalls prall besonnten Platz. Überspannen Sie sie mit einer Folie, die an in den Topf gesteckten Drahtbügeln befestigt wird, oder stülpen Sie eine transparente Kunststoffhaube darüber. Solch ein Verdunstungsschutz bewahrt die

1.
Stecklinge werden mit scharfem Messer oder Schere kurz unterhalb eines Blattknotens schräg abgeschnitten.

2.
Nach dem Entfernen der untersten Blätter steckt man sie in die Anzuchterde; so tief, dass die verbliebenen Blätter knapp über die Oberfläche kommen.

3.
Nach dem Stecken wird die Erde angefeuchtet, aber nicht zu stark vernässt.

4.
Zum Schluss wird eine Folie über die Stecklinge gespannt. Sie sorgt für eine gleichbleibend hohe Luftfeuchtigkeit, bis sich die Wurzeln entwickelt haben.

Blätter vor schnellem Welken. Die Erde muss stets leicht feucht bleiben. Zeigen nach einigen Wochen neue Blättchen, Triebe oder Knospen die erfolgreiche Bewurzelung an, wird die Abdeckung entfernt. Nachdem die neuen Pflanzen gut herangewachsen sind, kommen sie in größere Töpfe und werden danach bis zur Auspflanzung etwas kühler weiterkultiviert.

Absenker Durch Absenken bringen Sie Triebe mit „sanfter Gewalt" dazu, sich zu bewurzeln. Diese Methode eignet sich für an der Basis verholzende Kräuter wie Eberraute, Curry- und Heiligenkraut, Lavendel, Rosmarin, Salbei, Thymian und Winter-Bohnenkraut. Biegen Sie im späten Frühjahr oder Frühsommer junge, möglichst lange Triebe zum Boden. Diese werden dann einige Zentimeter hinter der Triebspitze in einer flachen Bodenmulde fixiert, z. B. mit einem Drahthaken. Die Triebspitze vor dem Haken sollte so lang bleiben, dass sie später nach oben weist bzw. an einem kurzen Stab aufgebunden werden kann. Der Teil des Triebs, der den Boden berührt, also die Biegungsstelle, soll zur Bewurzelung angeregt werden. Er wird zuvor entblättert und an der Unterseite schräg eingeschnitten. Ist er dick genug, können Sie die Schnittstelle durch Einklemmen eines Steinchens oder Holzstücks offen halten. Nach dem Anklammern wird dieser Bereich mit Erde (vermischt mit etwas Sand und Kompost) abgedeckt, die dann leicht feucht gehalten werden sollte. Oft bilden sich dann schon bis zum Herbst oder nächsten Frühjahr Wurzeln, teils auch schon Triebknospen an der Oberseite. Dann können die Absenker abgetrennt und verpflanzt werden.
Sie können die Absenker auch in einem Topf mit Erde fixieren statt am Gartenboden. So lässt sich z. B. eine im Herbst abgetrennte Jungpflanze gleich für eine frostfreie Überwinterung ins Haus bringen.

Auspflanzen

Jungpflanzen, die im Haus aus Samen oder Stecklingen vorgezogen wurden, sollte man am besten langsam an die raueren Verhältnisse im Freien gewöhnen, ehe sie endgültig an ihren Gartenplatz kommen. Das gilt auch für gekaufte Kräuter, besonders bei der Frühjahrspflanzung. Zum Abhärten stellt man die Pflanzen, noch in ihren Töpfen, schon 1–2 Wochen vor dem Setzen tagsüber nach draußen, sofern es nicht gerade extrem kalt ist – anfangs nur ein paar Stunden, dann zunehmend länger. Der Stellplatz sollte etwas geschützt sein, z. B. auf der Terrasse, und nicht in der prallen Sonne liegen. Mit einer Kiste, in der man mehrere Töpfe unterbringen kann, lässt sich das ohne allzu großen Aufwand durchführen.

Optimal verteilen Sollen die Pflanzen in längeren Reihen, als Hecken oder Einfassung, gesetzt werden, ist eine an Pflöcken aufgespannte Richtschnur hilfreich. Bei einer eher locker angeordneten Bepflanzung mit verschiedenen Arten empfiehlt es sich, die Pflanzen zunächst noch in ihren Töpfen auf der Fläche zu verteilen, um Anordnung und Pflanzabstände zu überprüfen. Ganze Beete oder Rabatten werden am einfachsten von hinten nach vorn bepflanzt. Mit einem Brett zum Auftreten oder Knien lassen sich stärkere Bodenverdichtungen während der Pflanzarbeit vermeiden.

> **KOSMOS TIPP**
>
> Beachten Sie stets die nötigen Pflanzabstände – zu eng gesetzte Pflanzen bedrängen sich mit der Zeit gegenseitig, entwickeln sich nicht optimal und sind anfälliger für Krankheiten.

Dichte Wurzelballen werden vor dem Einpflanzen vorsichtig gelockert.

Nach dem Einsetzen drückt man die Erde rund um die Pflanze herum an.

Vor dem Einsetzen Lösen Sie die Erdballen vorsichtig aus den Töpfen, ohne die Wurzeln zu beschädigen. Manchmal geht das schon einfach, indem man den Topf umdreht, auf den Boden klopft und die Pflanze dann, an der Stängelbasis gefasst, behutsam herauszieht. Andernfalls muss man die Wurzeln mit einem Messer von der Topfwand ablösen oder den Topf ein Stück aufschneiden. Ziehen Sie sehr dichte, stark zusammengepresste Wurzeln etwas auseinander. Ist der Erdballen relativ trocken, wird er vor dem Einsetzen nochmals gründlich angefeuchtet.

Richtig pflanzen Die Kräuter werden so tief gepflanzt, wie sie zuvor im Topf standen, sodass der Wurzelhals – der Übergang zwischen Wurzel und Sprossbasis – gerade eben unter den Boden kommt. Zum Graben der Löcher ist eine kleine Pflanzschaufel hilfreich. Für nässempfindliche mediterrane Kräuter kann das Loch auch etwas tiefer ausgehoben und dann unten mit einer Dränageschicht aus Sand, feinem Kies oder Schotter aufgefüllt werden. Am besten wird dann auch die ausgehobene Erde vor dem Wiedereinfüllen mit solchen Lockerungsmaterialien vermischt. Für nährstoffliebende Arten empfiehlt sich das Untermischen von gut ausgereiftem Kompost. Nach dem Einsetzen und Auffüllen der Erde wird der Boden oben rundherum angedrückt und dann gründlich angegossen. Auch in der Folgezeit hält man den Boden recht feucht, bis die Pflanzen gut eingewachsen sind.

Vor dem Pflanzen sollten Topfkräuter gewässert werden, dann wachsen sie besser an.

Kapuzinerkresse zieht Blattläuse an und hält so oft die Pflanzpartner läusefrei.

Durchdachte Mischpflanzungen können den gesunden Wuchs fördern.

Fruchtwechsel

Im Allgemeinen erfordern Kräuter keine besonders diffizile Anbauplanung. Dennoch sollten sie nicht ganz beliebig gesät oder gepflanzt werden. Ein etwas gezielterer Einsatz hilft, Anbauproblemen vorzubeugen und günstige Wechselwirkungen zu nutzen.

Pflanzplätze wechseln Von der häufig kultivierten Petersilie weiß man: Wird sie jährlich an derselben Stelle angebaut, wächst sie immer schlechter und bringt oft nur noch gelbe Blätter hervor. Sie sollte deshalb nur alle vier bis fünf Jahre an derselben Stelle angebaut werden. Solche ausgeprägten Selbstunverträglichkeiten sind, wie bei der Petersilie, oft die Folge wachstumshemmender Wurzelausscheidungen. Ein Daueranbau derselben Art kann zudem bestimmte Krankheitserreger im Boden fördern. Es ist deshalb auch bei anderen Ein- und Zweijährigen sicherer, wenn man jährlich die Saat- bzw. Pflanzstelle wechselt. Auch wenn Mehrjährige nach einigen Jahren geteilt und verpflanzt oder durch neue Exemplare ersetzt werden, sollten sie möglichst an einen anderen Platz kommen.

Doldenblütler – manchmal heikel
Die Petersilie gehört wie viele andere Kräuter zur Pflanzenfamilie der Doldenblütler (Apiaceae). Hier sind Unverträglichkeiten besonders verbreitet, und die Wurzelausscheidungen können sich auch negativ auf Nachbarpflanzen derselben Familie auswirken. Deshalb sollten besonders Fenchel und Kümmel nicht direkt neben anderen Doldenblütlern angebaut werden. Gerade bei Pflanzen aus dieser Familie ist es zudem empfehlenswert, sie nicht dort zu säen, wo im Vorjahr bereits Doldenblütler standen. Zur Familie der Doldenblütler gehören: Anis, Dill, Engelwurz, Fenchel, Kerbel, Koriander,

Kräuter im Mischanbau

Kraut	Guter Nachbar für ...
Basilikum	Gurken, Kohlrabi, Schwarzwurzeln, Tomaten
Bohnenkraut	Bohnen, Zwiebeln
Borretsch	Gurken, Kohl, Rote Bete, Zucchini
Dill	Gurken, Kohl, Möhren, Salat, Zwiebeln
Fenchel	Erbsen, Gurken, Salat, Salbei
Gartenkresse	Radieschen, Rettich, Salat
Kamille	Kartoffeln, Kohl, Lauch, Sellerie, Zwiebeln
Kapuzinerkresse	Radieschen, Rettiche, Tomaten; als „Fangpflanze" für Läuse unter Obst
Kerbel	Radieschen, Salat
Knoblauch	Erdbeeren, Gurken, Möhren, Rote Bete, Salat, Tomaten
Koriander	Kartoffeln, Kohl, Rote Bete
Kümmel	Gurken, Kartoffeln
Majoran	Möhren, Zwiebeln
Petersilie	Kartoffeln, Kohl, Radieschen, Rettiche, Zucchini
Ringelblume	Kartoffeln, Kohl, Rucola
Rucola	Lauch, Möhren, Ringelblumen, Salat, Sellerie
Schnittlauch	Erdbeeren, Kohl, Möhren
Schnitt-Sellerie	Bohnen, Kamille, Kohl, Lauch, Spinat, Tomaten
Wermut	Johannisbeeren (mindert Säulenrostgefahr)

Kümmel, Liebstöckel, Petersilie, Sellerie; unter den Gemüsen außerdem Möhre und Pastinake.

Gute Partner

Dass Pflanzen mit Wurzelausscheidungen, die das Wachstum in ihrer Umgebung beeinflussen, gilt auch für viele andere Arten. Nachbarpflanzen werden dadurch aber nicht immer gehemmt, sondern teils sogar gefördert, da solche Ausscheidungen u. a. auch dazu dienen, Krankheiten und Schädlinge fernzuhalten. Selbst innerhalb der Doldenblütler kennt man günstige Wechselwirkungen, etwa zwischen Dill und Möhren sowie Anis und Koriander. Es gibt sogar Hinweise, dass manche Arten den Geschmack benachbarter Kräuter und Gemüse fördern. Vorteilhaft ist aber auch der intensive Duft vieler Kräuter. Er kann Schädlinge vertreiben oder ihnen zumindest das gezielte Anfliegen von Wirtspflanzen erschweren. Lavendel wird deshalb z. B. gern als Blattlausvertreiber neben Rosen gesetzt, und Pfeffer-Minze sowie Eberraute können Kohlgemüse vor Kohlweißlingen bewahren. Aromatische Mehrjährige wie Salbei, Thymian und Ysop sind ganz allgemein gute Partner für Gemüse und Zierpflanzen. Weitere Beispiele für bewährte Kombinationen sind in der Übersicht oben zusammengefasst.

Kräuter pflegen

Sagt ihnen der gewählte Standort einigermaßen zu, gehören Kräuter zu den pflegeleichtesten Gartenpflanzen. Etwas Fürsorge ist aber schon nötig und ratsam, damit sich die Pflanzen gut entwickeln, gesund bleiben und nachhaltig aromatische Ernten liefern.

Die meiste Aufmerksamkeit brauchen frisch gesäte oder gepflanzte Kräuter. Sie benötigen auch nach dem Aufgehen bzw. Anwachsen einen gleichmäßig leicht feuchten Boden, bis sie ein kräftiges Wurzelwerk entwickelt haben. Droht im Frühjahr nochmals ein Kälteeinbruch, werden Saaten und Jungpflanzen am besten vorübergehend insbesondere über Nacht abgedeckt. Hierfür eignen sich Vliese, Loch- oder Schlitzfolien aus dem Gartenfachhandel.

Bodenbearbeitung

Beim Hacken zwischen Jungpflanzen ist etwas Vorsicht geboten, damit die noch zarten Wurzeln nicht aus Versehen verletzt werden. Gerade in der Anfangszeit sollten auch Unkräuter besonders früh und regelmäßig entfernt werden.

Ein Gartenwiesel hilft bei der Bodenlockerung und Unkrautbekämpfung.

Hartnäckige Unkräuter sollten möglichst komplett mit Wurzeln entfernt werden.

Bodenlockerung Verdichtet sich die obere Bodenschicht, fehlt es den Wurzeln und nützlichen Bodenorganismen an Luft, und das Regen- oder Gießwasser wird schlecht aufgenommen oder kann nicht zügig versickern. Der Boden um die Kräuter herum sollte deshalb regelmäßig gelockert werden. Mit dem Hacken werden zudem immer wieder feine Kanälchen (Kapillaren), über die das Wasser im Boden verdunsten kann, zerstört. So lässt sich der Gießbedarf deutlich vermindern.

Zwischen Saat- oder Pflanzreihen geht das Lockern bequem mit einer Ziehhacke mit kurzem Hackenblatt an zwei Bügeln, einem Kultivator oder einem Gartenwiesel. Bei unregelmäßiger Anordnung oder engem Stand ist ein kurzstieliger Handkultivator oder -grubber hilfreich; damit lässt sich sehr gezielt arbeiten, ohne die Pflanzen zu verletzen.

Unkrautbekämpfung Bei der Bodenlockerung werden zugleich auch viele Unkräuter entfernt. Hartnäckige Wurzelunkräuter wie Disteln oder Quecken sollten aber besser sorgfältig mit der Hand oder einem Unkrautstecher herausgezogen werden, sodass möglichst keine Wurzelreste im Boden verbleiben.

Im Allgemeinen gelingt die Unkrautbekämpfung umso leichter und arbeitssparender, je regelmäßiger man aufkeimenden Wildwuchs schon im Frühstadium entfernt. Unkräuter, die reichlich Samen bilden, so etwa das Franzosenkraut, sollten spätestens in der Blüte beseitigt werden.

EXTRA

„Kraut" und „Un-Kraut"

Wie schmal der Grat zwischen „Kraut" und „Un-Kraut" ist, zeigen nicht nur schmackhafte und heilsame Pflanzen wie Brennnessel und Sauerampfer, die oft in erster Linie als unerwünschte Kulturbegleiter angesehen werden. Denn im Grunde genommen ist ein Unkraut einfach eine Pflanze, die nicht dort wächst, wo sie vom Menschen vorgesehen war. Allerdings kommt erschwerend hinzu, dass solche Gewächse oft ausgesprochen vital sind, mit den Kulturpflanzen um Wasser und Nährstoffe wetteifern und sie auf Dauer überwuchern.

In diesem Sinn können allgemein geschätzte Kräuter, z. B. Estragon oder Nachtkerze, ebenfalls zur Plage werden, wenn sie sich übermäßig durch Ausläufer oder Selbstaussaat verbreiten. Auch hier sollte man früh und regelmäßig eingreifen, einen Teil der Blüten- oder Samenstände vorbeugend entfernen oder die überzähligen Sämlinge ausrupfen und Ausläuferpflanzen mit Messer oder Spaten abtrennen.

Mulchen Unter Mulchen versteht man die Bedeckung freier Bodenflächen, vorwiegend mit organischen Materialien. Eine Mulchschicht hat gleich mehrere Vorteile: Sie unterdrückt Unkrautaufwuchs, bewahrt die Bodenfeuchtigkeit, schützt die Oberfläche vorm Verkrusten und Verschlämmen und den Wurzelbereich vor Temperaturschwankungen. So bietet sie auch Mehrjährigen über Winter Schutz – und erspart das Hacken. Außerdem reichert die Auflage beim Verrotten den Boden mit Humus und Nährstoffen an. Als Mulchmaterialien eignen sich ausgereifter Kompost, käuflicher Rindenhumus, Rasenschnitt (am besten mit etwas Gehölzhäcksel oder Rindenmulch vermischt), Laub und klein gehäckselter Gehölzschnitt; für gut eingewachsene Pflanzen auch Rindenmulch. Mit dem Mulchen beginnt man allerdings besser erst gegen Ende Mai, wenn die erste Frühjahrs-Schneckenplage vorüber ist. Ein im Frühjahr offener Boden erwärmt sich zudem auch besser. Der Mulch wird nach Lockern des Bodens etwa 2–4 cm hoch ausgebracht und von Zeit zu Zeit erneuert.
Wenn Sie mit Rindenmulch, Laub oder Gehölzhäcksel mulchen, sollten Sie kalkliebenden Kräutern gelegentlich eine Handvoll kohlensauren oder Algenkalk gönnen, da diese Mulchmaterialien sauer wirken. Für nährstoffbedürftigere Kräuter empfiehlt sich in diesem Fall auch öfter eine stickstoffhaltige Düngung, z. B. mit Hornspänen.

Frisch gesetzte Kräuter werden kräftig angegossen, direkt in den Wurzelbereich.

Gießen & Düngen

In Bezug auf das Gießen und besonders das Düngen sind viele Kräuter recht genügsam – was aber keinesfalls heißt, dass sie völlig anspruchslos wären. Hier ist oft ein bisschen Fingerspitzengefühl gefragt.

Gießen Mit Hacken oder Mulchen können Sie den Gießaufwand reduzieren, doch ganz ohne Wasserversorgung in regenarmen Zeiten gedeihen die wenigsten Kräuter. Selbst mediterrane Arten wie Oregano oder Salbei sind in lang anhaltenden Trockenperioden für gelegentliche Wassergaben dankbar. Starke, dauerhafte Vernässung sollte man

> **TIPP**
>
> Kies, Splitt oder Schotter trägt zwar nicht zur Humusbildung bei, eignet sich ansonsten aber auch gut zur Bodenbedeckung, besonders für trockenheitsverträgliche, wärmeliebende Kräuter.

aber unbedingt vermeiden, auch bei eher feuchtigkeitsliebenden Kräutern wie Kerbel und Pfeffer-Minze – von Brunnenkresse und Bach-Minze einmal abgesehen. Am besten lässt man die Bodenoberfläche vor dem nächsten Gießgang abtrocknen und prüft mit den Fingern, ob die Schicht darunter noch genügend Feuchtigkeit aufweist.

Gegossen wird vorzugsweise ohne Brauseaufsatz direkt in den Wurzelbereich, und das möglichst vormittags oder in den frühen Abendstunden. So kommt das meiste Gießwasser auch wirklich den Pflanzen zugute, statt in der Mittagshitze zu verdunsten. Spätabendliches Gießen hat den Nachteil, dass die Pflanzen dann feucht in die kühlere Nacht gehen, wodurch die Ausbreitung von Pilzkrankheiten gefördert werden kann. Deshalb ist es auch ratsam, Blätter oder gar Blüten möglichst wenig zu benetzen. Im Hochsommer tut den Pflanzen aber auch einmal eine erfrischende Blattdusche am Morgen gut. In der prallen Mittagssonne dagegen können Wassertropfen auf den Blättern wie kleine Brenngläser wirken.

Düngen Regelmäßige und reichliche Blaukorngaben sind im Kräutergarten völlig fehl am Platz. Zu hohe Düngung, besonders mit der wachstumsfördernden Hauptkomponente Stickstoff, kann nicht nur die Krankheitsanfälligkeit und Kälteempfindlichkeit erhöhen – sie kann auch deutlich den Gehalt an Wirk- und Aromastoffen mindern.

Bei mediterranen Kräutern wie Bohnenkraut, Oregano und Ysop verzichtet man am besten ganz auf eine Düngung, besonders wenn sie auf normal versorgtem Gartenboden wachsen oder mit organischen Materialien gemulcht werden.

EXTRA

Wasser umsonst aus der Tonne

In Tonnen oder Zisternen gesammeltes Regenwasser schont nicht nur die Wasserrechnung, sondern ist auch für die Pflanzen besonders bekömmlich. Bau- und Gartenmärkte bieten Regentonnen in verschiedenen Größen an, dazu allerhand praktisches Zubehör wie Fallrohrklappen, Regensammler mit Überlaufstopp, Schmutzfilter oder auch Pumpen. Da sich auf den Dächern Ruß- und Schadstoffteilchen ablagern können, sollte man den ersten Regenguss nach längerer Trockenheit vorsichtshalber nicht nutzen und in die Kanalisation ablaufen lassen. Besteht keine Möglichkeit zur Regenwassernutzung, vertragen die meisten Kräuter auch recht hartes, kalkhaltiges Leitungswasser ganz gut. Wasser aus dem Hahn sollte aber möglichst etwas angewärmt sein. Am besten befüllt man nach dem Gießen gleich wieder die Kannen; beim Abstehen kann sich dann auch ein Teil des Kalks am Boden absetzen.

Für die meisten Kräuter genügen kleinere Kompostgaben als Düngung.

Andernfalls können sie alle paar Jahre im Frühjahr eine Handvoll gut ausgereiften Kompost erhalten. Eine Kompostgabe im Frühjahr bzw. nach dem Auspflanzen reicht auch den meisten anderen Kräutern. Der Kompost wird dann um die Pflanzen herum 1–2 cm hoch ausgestreut und oberflächlich eingearbeitet. Steht kein eigener Kompost zur Verfügung, können Fertigkomposte oder Rindenhumus verwendet werden. Kalkliebende Kräuter sollten außerdem alle ein bis zwei Jahre mit dünn ausgestreutem Algen-, Dolomit- oder kohlensaurem Kalk versorgt werden, sofern der Boden nicht ohnehin schon sehr kalkhaltig ist.

Manche Kräuter haben einen etwas höheren Nährstoffbedarf, vor allem Liebstöckel, Kapuzinerkresse, Basilikum, Petersilie und Gewürzpaprika. Sie werden nach einer Startdüngung mit Kompost oder organischem Dünger im Sommer am besten ein- oder auch mehrmals nachgedüngt. Ideal sind dafür spezielle Kräuterdünger oder organische Volldünger in fester oder flüssiger Form, da sie ihre Nährstoffe je nach Temperatur und Bodenfeuchte allmählich abgeben und keine Düngesalze enthalten. Überwinternde Pflanzen sollten nach Anfang August keinen Dünger mehr erhalten.

Schnitt & Winterschutz

Mit ein paar einfachen Handgriffen zur rechten Zeit können Sie dafür sorgen, dass Ihre Kräuter wüchsig bleiben und heil über die kalte Jahreszeit kommen.

Schneiden und verjüngen Bei den mehrjährigen Kräutern fördert ein regelmäßiger oder gelegentlicher Rückschnitt meist die Bildung neuer Triebe. Allerdings werden Kräuter ohnehin öfter kräftig beschnitten, nämlich bei der Ernte. Durch das Abschneiden aller Triebe zum Trocknen erübrigen sich deshalb oft weitere Schnittmaßnahmen – ebenso bei einer Wurzelernte, wie etwa beim Eibisch.

Manche Mehrjährige sind typische Stauden, deren oberirdische Teile über Winter absterben, so z. B. Schaf-Garbe, Beifuß und Goldrute. Hier werden im Herbst oder Frühjahr die alten Stängel etwa handbreit über dem Boden weggeschnitten, um Platz für den Neuaustrieb zu schaffen. Teils bleiben die Stängel auch über Winter recht ansehnlich und bieten zudem etwas Kälteschutz für die Pflanzenbasis, sodass man gut bis zum Frühjahr warten kann. Andererseits lassen sich

> **TIPP**
>
> Den wüchsigen Liebstöckel kann man sogar im Sommer kräftig zurückschneiden, wenn er unansehnlich geworden ist oder mehr Neuaustrieb mit zarten Blättern gewünscht wird.

Empfindliche Kräuter können über Winter rundum mit Stroh eingepackt werden.

Lavendel schneidet man alle zwei bis drei Jahre um rund ein Drittel zurück.

etwas frostempfindliche Stauden leichter komplett mit Winterschutzmaterial überdecken, wenn schon im Herbst geschnitten wurde.

Etliche mehrjährige Kräuter, vor allem mediterrane wie Oregano, Salbei und Thymian, zählen zu den Halbsträuchern. Mit der Zeit verholzen sie von unten her immer stärker, sodass sie an der Basis und in der Mitte verkahlen. Je nach Wuchsstärke und Alter empfiehlt sich hier alle ein bis zwei Jahre ein Rückschnitt im Frühjahr – im Allgemeinen um bis zu zwei Drittel der Trieblänge. Für kälteempfindliche Arten ist der April, in raueren Lagen sogar erst der Mai der beste Schnitttermin. Lässt trotz des Schnitts die Neutriebbildung merklich nach, kann man viele Mehrjährige durch Teilung und Neupflanzung an anderer Stelle verjüngen.

Vor Kälte gut geschützt Bei uns heimische mehrjährige Kräuter wie Löffelkraut, Bibernelle oder Engelwurz brauchen keine besonderen Vorkehrungen. Doch in kalten Wintern kann schon bei Schnittlauch, Petersilie, Pfeffer-Minze und Zitronenmelisse ein leichter Winterschutz nicht schaden. Unverzichtbarer ist er bei den mediterranen Kräutern. Am empfindlichsten ist der Rosmarin, der in frostgeplagten Regionen am besten als Kübelpflanze kultiviert wird.

Der wichtigste Schutz draußen besteht in einer Laubabdeckung rund um die Pflanzen, um ein Durchfrieren des Wurzelbereichs zu verhindern. Für diesen Zweck eignet sich auch Rindenmulch. Zurückgeschnittene Stauden können mit diesen Materialien auch ganz überstreut werden. Zum Abdecken der oberirdischen Teile haben sich Nadelholzzweige, besonders Fichtenreisig, bewährt, die man locker dachziegelartig über die Pflanzen legt. So isolieren sie ausreichend, lassen aber Luft durch. Alternativ lässt sich Schutzvlies aus dem Gartenfachhandel verwenden, das allerdings bei starken Frösten in mehreren Lagen ausgebracht werden muss.

Kräuter in Töpfen

Auch wenn man über einen Garten verfügt, ist die Topfhaltung von Kräutern eine schöne Sache. So kann man häufig verwendete Küchen- und Teekräuter ganz nach Belieben und leicht erreichbar auf Terrasse, Balkon oder sogar am Küchenfenster platzieren.

Für Kräuter in Töpfen lassen sich leicht warme, geschützte Plätze finden.

Die Pflanzenhaltung in Gefäßen wird gern unter dem Begriff „mobiler Garten" zusammengefasst. Und tatsächlich bietet die „Mobilität" bei der Kräutergärtnerei so manche Vorteile. Wärmebedürftige Arten lassen sich in Töpfen besonders einfach an einer geschützten Stelle platzieren. Auf die reizvollen Einsatz- und Gestaltungsmöglichkeiten mit Topfkräutern wurde bereits im einführenden Kapitel hingewiesen.

Gefäße & Pflanzerde

Größere oder breitwüchsige Kräuter wie Dill, Pfeffer-Minze oder Lavendel werden am besten einzeln in Töpfen gehalten. Kompaktere Mehrjährige, etwa Salbei oder Thymian, gedeihen auch in Mischpflanzungen in Balkonkästen oder breiten Kübeln. Allerdings sollten Pflanzen, die in einem Gefäß miteinander kombiniert werden, unbedingt ähnliche Ansprüche haben. Für Mischpflanzungen mit Gemüse oder Blumen kommen eher etwas anspruchsvollere Kräuter wie Basilikum, Petersilie oder Rucola infrage, außerdem Kapuzinerkresse und Ringelblume, die auch „klassische" Balkonblumen sind. Unter praktischen Gesichtspunkten ist es zudem einfacher, jeweils nur Einjährige oder Mehrjährige zusammenzupflanzen.

Geeignete Pflanzgefäße Ob Töpfe oder Kästen – die Gefäße müssen groß genug sein, damit das Wurzelwerk darin bequem Platz findet und noch etwas „Luft" für das weitere Wachstum bleibt. Mehrjährige werden allerdings besser öfter umgetopft, statt gleich in überdimensionierte Gefäße zu kommen, in denen Vernässungsgefahr droht. Wo die Gefäße nicht allzu schwer sein sollen, besonders im Fall von Balkonkästen, wählt man Ausführungen in stabilem Kunststoff. Ansonsten sind Ton- oder Terrakottagefäße nicht nur ansprechender und standfester, ihre porösen Wände sorgen auch für einen vorteilhaften Luftaustausch – allerdings nur, wenn sie nicht glasiert sind. Sollen die Kräu-

Die Gefäße müssen genug Platz für das Wurzelwachstum bieten.

ter draußen überwintert werden, müssen die Gefäße frostfest sein. Diese Anforderung erfüllen auch Holzkübel, die von Zeit zu Zeit einen pflanzenverträglichen Schutzanstrich brauchen.

Alle Gefäße müssen an der Unterseite unbedingt Abzugslöcher für überschüssiges Wasser haben – sofern nicht gerade Brunnenkresse darin kultiviert werden soll. Bei den meisten Pflanzgefäßen sind zumindest entsprechende Ausstanzungen zum einfachen Durchstoßen vorhanden. Andernfalls hilft ein Bohrer.

Erden und Substrate Nährstoffliebende Kräuter entwickeln sich in hochwertiger Blumen- oder Kübelpflanzenerde recht gut, wenn man Sand oder zerkleinerte Vulkangesteine wie Perlite und Lavagrus untermischt. Für die meisten mediterranen Kräuter sollte der Mischungsanteil solcher lockernden Stoffe allerdings bei 30–50 % liegen und zudem etwas Kalk hinzugefügt werden. Hier kommt als Alternative auch nährstoffarme Dachgartenerde für die Extensivbegrünung infrage. Zunehmend bietet der Fachhandel aber auch spezielle Kräutererden an, teils sogar auf torffreier Basis, die im Allgemeinen den Vorzug verdienen.

Säen, pflanzen, topfen

Kleinere, schnellwüchsige Kräuter, die man im Garten draußen sät, z. B. Gartenkresse, Löffelkraut und Rucola, können auch direkt in Kästen oder Töpfe gesät werden. Teils gibt es hier auch praktische Saatscheiben oder -bänder. Bei anderen Ein- und Zweijährigen ist es oft besser, vorgezogene oder gekaufte Jungpflanzen einzusetzen. Das erleichtert auch eine gemischte Bepflanzung. Bei allen gelten dieselben Saat- und Pflanztermine wie im Garten.

> **TIPP**
>
> Wichtiges Zubehör sind stabile, verstellbare Balkonkastenhalter, passende Untersetzer und sogenannte Kübelfüße: Auf ihnen stehen die Töpfe etwas über Bodenniveau, sodass das Wasser gut abfließen kann.

Topfkräuter eignen sich gut, um Wege und Treppen zu säumen.

1. Zum Umtopfen werden die Pflanzen behutsam aus den alten Töpfen gehoben und der Wurzelballen etwas aufgelockert.

2. Staudenartige und viele halbstrauchige Kräuter können bei der Gelegenheit auch geteilt werden, zur Vermehrung und Verjüngung.

3. Nach dem Einsetzen die Erde um die Pflanze herum andrücken und dann gründlich gießen.

Mehrjährige Kräuter werden am besten im März/April ein- und umgetopft. Nach draußen kommen sie allerdings teils erst etwas später, je nach Kälteempfindlichkeit; Rosmarin und Kübelpflanzen wie Lorbeer z. B. erst im Mai. Bei vielen Kräutern wird das Umtopfen nur alle paar Jahre nötig; ältere Rosmarinpflanzen sollten sogar nur möglichst selten umgesetzt werden. Wählen Sie das neue Gefäß, je nach Pflanzengröße, 2–4 cm breiter als das vorherige.

Richtig eintopfen Zuerst werden am besten Tonscherben über die Abzugslöcher gelegt, um einem Verstopfen vorzubeugen. Füllen Sie dann eine Dränageschicht aus Blähton, Bimskies oder Kies ein. Diese sollte, je nach Gefäßgröße und Nässeempfindlichkeit der Pflanzen, 2–5 cm hoch sein. Ideal ist es, wenn Sie dann noch ein zugeschnittenes Stück Gartenvlies darüber ausbreiten; so können sich die Hohlräume nicht mit eingeschwemmter Erde zusetzen.

Nun wird etwas Erde eingefüllt und so „austariert", dass die Pflanze später in der richtigen Höhe zu stehen kommt. Beachten Sie dabei, dass zwischen der Erdoberfläche und dem Gefäßrand 1–3 cm frei bleiben müssen, damit es sich gut gießen lässt. Nach dem Einsetzen der Pflanze wird seitlich die restliche Erde aufgefüllt, oben etwas angedrückt und zum Schluss gründlich gegossen.

Pflegetipps

Kräuter in Töpfen und Kästen verlangen schon etwas mehr Aufmerksamkeit als ihre „Kollegen" im Garten. Denn selbst die beste Pflanzerde kann den Gartenboden mit seinen Reserven und der schützenden Einbettung der Wurzeln nicht ersetzen.

Gießen und Düngen Topfkräuter müssen etwas häufiger gegossen und gedüngt werden. Vermeiden Sie aber unbedingt ein dauerhaftes Vernässen des Substrats. Hat sich überschüssiges Gieß- oder Regenwasser im Untersetzer angesammelt, sollte es umgehend ausgegossen werden. Bei teils unbedeckter Erdoberfläche in Kübeln kann auch eine vorsichtige Lockerung erfolgen, z. B. mit einem kleinen Handkultivator oder einer kräftigen Gabel. Mulchen ist bei Topfhaltung ebenfalls möglich – für die trockenheitsliebenden vorzugsweise mit feinem Kies. Je nach Nährstoffbedarf wird alle ein bis vier Wochen Kräuterdünger oder organischer Volldünger in Flüssigform ausgebracht; bei Verwendung normalen Volldüngers etwas schwächer dosiert als auf der Verpackung angegeben. Für Pflanzen, die überwintert werden, ist Anfang August Düngestopp.

Überwinterung Robuste Pflanzen, die im Garten auch strengere Winter unbeschadet überstehen, müssen nicht ins Haus genommen werden. Oft reicht es schon, wenn man sie eng nebeneinander an einen geschützten Platz nahe der Hauswand stellt. Sicherer – und vor kalten Wintern sehr ratsam – ist es allerdings, wenn zusätzlich durch gute Topfisolierung dem Durchfrieren des Wurzelballens vorgebeugt wird. Stellen Sie dazu die Töpfe auf dicke Styroporplatten oder Bretter und umhüllen Sie sie mit Luftpolsterfolie. Die Erdoberfläche kann mit Fichtenzweigen, Laub oder Zeitungen (ein paar Steine darauflegen) abgedeckt werden. Bei empfindlicheren Pflanzen bzw. in besonders frostigen Phasen empfiehlt sich zudem das Umhüllen der Triebe mit luftdurchlässigen Materialien wie Vlies, Sackleinen oder Jute.

Gerade bei mediterranen Kräutern, besonders Rosmarin, Oregano und Currykraut, empfiehlt sich in kalten Wintern eine Überwinterung im Haus. Ein Muss ist das bei Pflanzen wie Anisverbene oder Balsamstrauch. Diese sollten auch schon vor den ersten leichten Frösten, spätestens Mitte Oktober, ins Winterquartier kommen und frühestens Mitte Mai wieder ihren Platz draußen einnehmen. Gut entwickelte Lorbeersträucher vertragen sogar ein paar Minusgrade. Der optimale Überwinterungsplatz für die allermeisten Arten ist möglichst hell, recht kühl (4–12 °C) und sollte an frostfreien Tagen gelegentlich gelüftet werden.

1.
Kleinere und mittelgroße Topfkräuter lassen sich draußen platzsparend in einem großen Korb überwintern. Zuvor schneidet man sie etwas zurück.

2.
Nun wird der Korb mit isolierender Noppen- bzw. Luftpolsterfolie ausgelegt.

3.
Dann stellt man die Töpfe dicht an dicht nebeneinander in den Korb. Dieser kommt an einen geschützten Platz nahe der Hauswand.

4.
Die Zwischenräume werden mit trockenem Laub oder Stroh aufgefüllt. Bei stärkeren Frösten kann man den Korb zusätzlich mit Fichtenreisig abdecken.

Pflanzenschutz

Viele Kräuter sind robust und halten sich teils schon durch intensive Düfte so manche Plagegeister vom Leib. Doch auch sie bleiben nicht ganz von Krankheiten und Schädlingen verschont. Diese lassen sich aber oft recht einfach im Zaum halten.

Auch bei den Kräutern gibt es eine ganze Reihe potenzieller Schaderreger, viele treten aber nur recht selten auf, oft abhängig vom Wetterverlauf. In ausgesprochenen Schädlingsjahren kann es allerdings auch passieren, dass z. B. sogar der Lavendel keine Blattläuse mehr vertreibt, sondern selbst befallen wird. Die zunehmend heißen, trockenen Sommer in unseren Breiten tragen wohl auch dazu bei, dass mediterrane Würzkräuter öfter unter Schädlingen leiden als früher.

Natürliche Stärkung

Pflanzen, die am passenden Standort wachsen und bedarfsgerecht gepflegt werden, sind in der Regel weniger bedroht als geschwächte Exemplare. Und selbst wenn sie

Gute Standortwahl und Pflege fördern die Widerstandskräfte der Pflanzen.

Igel vertilgen reichlich Raupen, Schnecken und sogar kleine Wühlmäuse

Kohlmeisen ernähren sich hauptsächlich von Insekten, inklusive Schädlingen.

befallen werden, verkraften sie dies besser und erholen sich oft wieder.

Ein gesunder Start Gründliche Bodenvorbereitung, gut abgestimmte Saat- und Pflanztermine, genügend weite Pflanzabstände und eine besonders aufmerksame Pflege im Jugendstadium – so legt man schon bei der Aussaat und Pflanzung den Grundstein für die Widerstandskraft. Denn je zügiger und kräftiger die Jungpflanzen heranwachsen, desto besser sind sie auch später gegen Schaderreger gefeit. Sehr wichtig ist zudem, dass dieselbe Art nicht ständig am selben Platz angebaut wird.

Nützliche Helfer Die Pflanzen sind nicht nur auf sich selbst angewiesen: Die Natur schützt sie auch indirekt nach dem Motto „Fressen und gefressen werden". Zumindest alle bei uns heimischen Schädlinge haben auch ihre Gegenspieler. Selbst Schaderreger im Boden werden teils von nützlichen Mikroorganismen in Schach gehalten. Oder sie gehören zur Beute von Spitzmäusen und Maulwürfen.

Über der Erde oder in der Luft sind Insekten- und Schneckenfresser wie Igel, Vögel, Kröten, Frösche, Eidechsen oder Fledermäuse begrüßenswerte Gartengäste. Vieles spielt sich aber auch fast unbemerkt ab: Winzige Raubwanzen und Raubmilben z. B. haben ständig Appetit auf Spinnmilben, Weiße Fliegen und andere Insekten. Ähnliches gilt für Spinnen. Am Boden jagen Laufkäfer Schnecken, Würmer und anderes Getier. In höheren Etagen fliegen Schlupfwespen, deren Larven z. B. Raupen und Käfer vernichten. Schließlich steht mit Marienkäfern, Florfliegen, Schwebfliegen und Ohrwürmern samt ihren besonders hungrigen Larven eine oft sehr effektive Eingreiftruppe gegen Blattläuse zur Verfügung.

Nützlinge fördern Die hilfreichen Schädlingsvertilger verweilen gern länger oder kommen häufiger zu Besuch, wenn sie im Garten geeignete Unterschlupf- und Nistmöglichkeiten finden. Insekten, deren Larven eifrig Schädlinge vertilgen, ernähren sich oft von Nektar und fliegen bevorzugt Pflanzen mit einfachen, ungefüllten Blüten an.

Besonders gern besiedeln Nützlinge deshalb vielfältig bepflanzte Gärten mit genügend heimischen und wildpflanzenähnlichen Gewächsen, Blüten- und Wildhecken und mit naturnahen Bereichen wie Blumenwiese, Trockenmauer und Gartenteich. Ausgesprochen wichtig ist es, auf nützlingsschonende Präparate zu achten, falls einmal Spritzmittel eingesetzt werden müssen.
Holz-, Laub- und Steinhaufen bieten Verstecke und Winterquartiere, z. B. für Igel oder Eidechsen. Insekten wie Florfliegen und Marienkäfer überwintern gern in Dachböden, Geräteschuppen oder Garagen, wenn sie durch Ritzen oder Spalten Einlass finden.
Noch gezielter kann man Nützlinge fördern, indem man Nisthilfen bereitstellt. Die gibt es im spezialisierten Fachhandel nicht nur für Vögel, sondern auch für Fledermäuse und manche Insekten.

Wuchsstörungen

Wenn das Wachstum stockt, die Pflanzen kümmern oder welken, die Blätter gelblich oder braun werden, kann das sehr verschiedene Ursachen haben. Sind keine eindeutigen Anzeichen von Schaderregern zu erkennen, sollte man zuerst überlegen, ob Standort und Pflege stimmen. Verdichteter Boden, zu wenig Licht oder auch zu viel pralle Sonne, zu wenig oder zu viel Gießwasser, mangelnde, einseitige oder übermäßige Nährstoffversorgung – dies alles kann zu den eingangs genannten Symptomen führen. Manchmal handelt es sich auch um Frostschäden oder deren Spätfolgen.
Pflegefehler sollten natürlich möglichst noch korrigiert werden, Standortprobleme lassen sich oft durch Verpflanzen beheben. Ansonsten gräbt man am besten vorsichtig den Boden auf und überprüft die Wurzeln. Sind diese gesund, lässt sich die Pflanze eventuell noch durch kräftigen Rückschnitt oder Entfernen aller welken Teile retten. Wenn sie aber schon stark kümmert, wird sie besser komplett mitsamt den Wurzeln beseitigt.

Bodenbürtige Schaderreger Welken und Wuchsstörungen können auch durch Pilze, Bakterien oder Nematoden (winzige Fadenwürmer) im Boden hervorgerufen werden. Sie sind oft schlecht oder gar nicht zu erkennen und die Symptome für Laien schwer auseinanderzuhalten. Dill, Baldrian, Johanniskraut, Knoblauch und Kümmel gehören z. B. zu den Pflanzen, die gelegentlich unter solchen Schaderregern leiden.
Besteht ein Verdacht oder treten die Probleme öfter auf, kann man sich an den regional zuständigen Pflanzenschutzdienst wenden. Gegen diese Schaderreger gibt es jedoch

Marienkäfer und ihre Larven fressen täglich bis zu 150 Blattläuse.

Verbreitete Pilzkrankheiten

Schadpilz	Schadbild	Befällt …
Echter Mehltau	weißliche bis hellgraue, mehlige, abwischbare Beläge auf Blattoberseiten, Trieben, Knospen und Blüten	z. B. Alant, Bohnenkraut, Borretsch, Johanniskraut, Salbei
Falscher Mehltau	blattoberseits gelbe oder braune Flecken, unterseits graue bis graubraune Beläge, teils auch an Trieben und Blüten, absterbende Blätter	z. B. Fenchel, Kamille, Kümmel, Schnittlauch
Rostpilze	pustelartige orangerote, braune, schwarze, gelbe oder weißliche Beläge auf Blättern oder am Stängelgrund	z. B. Estragon, Pfeffer-Minze, Schnittlauch, Thymian, Zitronenmelisse
Blattfleckenkrankheiten	gelbliche, braune, schwarze, graue oder rötliche Flecken, teils mit dunklem Rand; oft erst zerstreut, dann zusammenfließend	z. B. Basilikum, Majoran, Petersilie, Pfeffer-Minze

Zitronenmelisse wird gelegentlich von Rostpilzen befallen.

keine zugelassenen Bekämpfungsmittel für den Hobbybereich. Hier hilft nur ein Standortwechsel bzw. eine längere Anbaupause. Von Nematoden befallene Flächen werden aber durch Gründüngung mit speziellen Ölrettich- oder Senfsorten, Tagetes oder Ringelblumen schneller „kuriert". Zur Vorbeugung gegen bodenbürtige Pilzkrankheiten an Keimlingen oder Jungpflanzen sollte man Vernässung und zu engen Stand vermeiden.

Krankheiten

Die meisten Krankheiten an Kräutern werden durch Schadpilze verursacht. Die wichtigsten sind in der obenstehenden Übersicht vorgestellt.
Viren und Bakterien treten dagegen selten auf. Viruskrankheiten äußern sich oft durch mosaikartig aufgehellte bzw. gescheckte Blätter, z. B. an Knoblauch. Bakterielle Erkrankungen rufen häufig Braun- bis Schwarzfärbung von Pflanzenteilen, nasse Faulstellen sowie Schleimabsonderung hervor. Beim bakteriellen Doldenbrand von Dill, Koriander und Kümmel beispielsweise sind davon die Blüten- bzw. Samenstände betroffen.

Vorbeugung Vor allem gegen Viren, aber auch andere Pflanzenkrankheiten ist Hygiene besonders wichtig. Da Infektionen durch Pflanzensäfte auf Gartenscheren, über anhaftende Erdreste usw. erfolgen können, ist häufiges und gründliches Säubern von Geräten und Zubehör wie Anzuchtgefäßen äußerst empfehlenswert – erst recht, wenn diese zuvor mit kranken Pflanzen in Kontakt kamen. Dann kann zusätzlich auch eine Desinfektion mit Alkohol erfolgen. Wo oft Viruskrankheiten auftreten, sollten zudem Pflanzensauger wie Blattläuse konsequent bekämpft werden, da diese die Erreger übertragen. Vermeiden Sie zudem unnötige Verletzungen von Pflanzen und Wurzeln und achten Sie auch beim Ernten auf saubere Schnitte, die schnell verheilen; andernfalls entstehen Eintrittspforten für Schaderreger. Die Ausbreitung von Pilzen ist an Feuchtigkeit gebunden. Entscheidend ist deshalb richtiges Gießen, ohne übermäßiges Be- und Vernässen (siehe S. 55). Auch ein recht luftiger oder etwas regengeschützter Standort für anfällige Kräuter beugt Pilzkrankheiten vor, ebenso das Vermeiden von zu engen Pflanzenabständen und überhöhter Stickstoffdüngung. Hilfreich sind auch Pflanzenstärkungsmittel aus dem Fachhandel, die bei wiederholter Anwendung die Widerstandskraft stärken, ebenso wie das Überstreuen mit Gesteinsmehlen.

Bekämpfung Gegen Viren und Bakterien gibt es keine wirksamen Mittel. Erkrankte Pflanzen sollten umgehend entfernt werden (und nicht auf den Kompost kommen!), inklusive Wurzeln und eventuellen Resten am Boden. Dasselbe empfiehlt sich bei starkem Pilzbefall. Bei noch weniger ausgeprägten Pilzerkrankungen kann oft schon das Entfernen betroffener Pflanzenteile die Ausbreitung eindämmen, bei Mehrjährigen auch ein kräftiger Rückschnitt.

Zwiebeltee hat eine pflanzenstärkende Wirkung und wird vorbeugend eingesetzt.

Gegen Echten Mehltau helfen käufliche Lecithinpräparate. Es gibt zwar auch recht umweltschonende Pflanzenschutzmittel (Fungizide) auf Schwefel- oder Kupferbasis, doch darunter finden sich kaum Präparate, die vom Gesetzgeber für Kräuter im Hausgarten zugelassen sind. Es empfiehlt sich, solche Zulassungsbeschränkungen zu beachten. Die bereits erwähnten Pflanzenstärkungsmittel können bei Anfangsbefall noch eine eindämmende Wirkung zeigen, besonders solche aus Ackerschachtelhalm. Gute Hausmittel sind Knoblauch- und Zwiebeltee, ebenso Auszüge aus Rainfarn (siehe S. 93–94).

Schädlinge

Bei diesen Plagegeistern unterscheidet man saugende und beißende, also Fraßschäden verursachende Schädlinge. Die wichtigsten Vertreter sind in den Übersichten auf den folgenden Seiten zusammengefasst. Bis auf die Spinnmilben und Schnecken gehören alle zu den Insekten.

Schädlinge mit Fraßschäden

Schädlinge	Schadbild/Verursacher	befallen ...
Blattkäfer	zahlreiche kleine Löcher in den Blättern, teils Kahlfraß/meist 3–5 mm groß, dunkel und metallisch glänzend, Minzkäfer blauschwarz	z. B. Johanniskraut, Lavendel, Pfeffer-Minze
Erdflöhe	ähnlich wie bei Blattkäfer, oft schon Keimblätter durchlöchert/1,5–3 mm groß, blauschwarz glänzend oder dunkelgrün, sehr beweglich	v. a. Barbarakraut, Kresse, Meerrettich, Rucola, Senf
Glattkäfer	zerfressene Blütenköpfe/sehr klein, schwarz oder braun	Kamille
Schmetterlingsraupen	Fenster- oder Kahlfraß an Blättern, Blätter und Triebe teils mit Fäden umwickelt/meist 1–4 cm lang und grün, grüngelb, bräunlich oder auffällig gefärbt bzw. gestreift	z. B. Kresse, Lavendel, Oregano, Zitronenmelisse
Nacktschnecken	Loch-, Schabe- oder Kahlfraß, oft glänzende Schleimspuren/1–15 cm lang, braun, rötlich, orange, grau, schwarz, gelb oder weißlich, tagsüber versteckt	v. a. junge Pflanzen, z. B. Basilikum, Fenchel, Liebstöckel

Nicht zu vergessen sind Wühl- und Feldmäuse, die in manchen Gärten durch ihre unterirdischen Gänge und den Fraß an Wurzeln oder auch Sämlingen und Jungpflanzen sehr lästig werden. Kaiserkrone und Wolfsmilch haben, wenn sehr zahlreich gepflanzt, eine gewisse Abwehrwirkung, auf die man sich aber nicht unbedingt verlassen kann.

Ähnlich verhält es sich mit anderen Vergrämungs- und Hausmitteln. Bei starker Heimsuchung bleiben oft nur Wühlmausfallen oder Giftköder. Maulwürfe dagegen „nerven" fast nur durch ihre Wühltätigkeit und sind ansonsten nützliche Schädlingsvertilger. Da sie unter Naturschutz stehen, dürfen gegen sie nur Vergrämungsmittel eingesetzt werden.

Bei kaltem, feuchtem Wetter kann Lavendel mit Grauschimmel befallen werden.

Schnecken fressen besonders gern an jungen Trieben und weichen Blättern.

PFLEGE & VERWENDUNG | Pflanzenschutz | Schädlinge

Kulturschutznetze bewahren Jungpflanzen vor der Eiablage von Gemüsefliegen.

Blattläuse treten meist in Kolonien auf und hinterlassen klebrige Beläge.

Vorbeugung Was gegen Pilzkrankheiten empfohlen wurde, mindert oft auch die Anfälligkeit für tierische Schädlinge, z. B. zurückhaltende Stickstoffdüngung, genügend große Pflanzenabstände sowie Pflanzenstärkungsmittel. Anders als Schadpilze werden aber viele Schädlinge durch Trockenheit und Hitze gefördert, besonders Spinnmilben, Blattläuse und Erdflöhe. Eine gute, gleichmäßige Wasserversorgung kann den Befallsdruck vermindern, gegen Erdflöhe ist außerdem häufige Bodenlockerung wichtig. Sehr anfällige Pflanzen sollten möglichst nicht vor einer hellen Wand oder neben Steinplatten stehen, da in diesem Umfeld besonders günstige Bedingungen für die Schädlinge herrschen. Gegen Gemüsefliegen und andere Schädlinge helfen Pflanzenschutznetze, die vor allem im April/Mai über gefährdeten Pflanzen ausgebreitet werden. Und die sicherste Vorbeugung gegen Schnecken, die bevorzugt an jungen Pflanzen fressen, bieten immer noch Schneckenzäune.

Bekämpfung Viele Schädlinge bekommt man schon gut in den Griff, wenn man sie des Öfteren konsequent abstreift, absammelt oder mit Wasser abspritzt. Das

Schädlinge mit Saugschäden

Schädlinge	Schadbild/Verursacher	befallen ...
Blattläuse	Blätter eingerollt, gekräuselt, klebrig, Triebe, Knospen und Blüten deformiert/2–6 mm groß, meist grün, schwarz oder grau, in Kolonien, meist an jungen Triebspitzen und Blattunterseiten	sehr viele Pflanzen, z. B. Baldrian, Basilikum, Borretsch, Dill, Kamille, Kümmel, Liebstöckel
Spinnmilben	punktförmige, helle bis silbrige Saugstellen, eingerollte, abfallende Blätter/winzig, gelbgrün, bräunlich oder rötlich, meist an den Blattunterseiten	z. B. Basilikum, Eibisch, Paprika; öfter an Zimmerkräutern
Zikaden	gelblich oder weiß gesprenkelte, vergilbende Blätter/3–5 mm groß, grünlich, bräunlich, teils mit schwarzroten Flecken, bei Annäherung wegspringend	z. B. Alant, Eibisch, Pfeffer-Minze, Zitronenmelisse
Blattwanzen	Blätter mit unregelmäßig verteilten, verschieden großen Löchern, deformierte Triebspitzen, Knospen oder Blüten/5–10 mm groß, grün oder bräunlich	z. B. Baldrian, Dill, Fenchel, Koriander, Zitronenmelisse
Schildläuse	Wachstumshemmung, Blattvergilbung, teils absterbende Triebspitzen/versteckt unter 1–2 mm großen, braunen, rötlichen oder gelben, harten Schilden	besonders an im Haus zu warm überwinterten Pflanzen, z. B. Lorbeer
Weiße Fliege	Blätter mit kleinen hellen Flecken, oft klebrig, trocknen bei starkem Befall ein und fallen ab/2–3 mm groß, mit weißlich überpuderten Flügeln, oft zahlreich auffliegend	z. B. Basilikum, Rosmarin, Salbei; öfter an Zimmerkräutern
Thripse	punktförmige, helle bis silbrige Saugstellen, daneben schwarze Kotfleckchen/1–2 mm groß, weißlich bis braunschwarz, meist an den Blattunterseiten	z. B. Liebstöckel, Thymian, Zitronenmelisse; öfter an Zimmerkräutern
Gemüsefliegen	Fraßgänge in Blättern und anderen Pflanzenteilen, teils starke Welke/kleine Fliegen mit oft hellen, 0,5–1 cm langen Maden	z. B. Knoblauch, Schnittlauch, Liebstöckel

Entfernen stark befallener Pflanzenteile hilft ebenfalls beim Eindämmen. Schnecken lassen sich am besten morgens oder abends unter ausgelegten Brettern oder Säcken absammeln. Ebenerdig in den Boden eingegrabene, halb mit Bier gefüllte Becher haben sich als wirksame Schneckenfallen erwiesen: Die Tiere ertrinken dort quasi im Alkohol, dessen Duft sie anzieht. Allerdings scheinen solche Fallen manchmal mehr Schnecken anzulocken als zu beseitigen. Gegen manche Schädlinge, besonders Erdflöhe, hilft auch mehrmaliges Überstreuen mit Gesteinsmehl. Für Kräuter zugelassene Pflanzenschutzmittel basieren meist auf Rapsöl oder Kaliseife und wirken vor allem gegen saugende Schädlinge wie Blattläuse und Spinnmilben. Gegen Schnecken gibt es Köder mit dem Wirkstoff Eisen-III-Phosphat, die weder für Menschen und Haustiere noch für Nützlinge giftig sind. Weiße Fliegen im Zimmer oder Gewächshaus können mit beleimten Gelbtafeln oder -stickern gefangen werden. Für Kräuter im Haus lassen sich sogar über den Fachhandel beziehbare Nützlinge gezielt einsetzen, z. B. Florfliegen gegen Blattläuse und Thripse oder Raubmilben gegen Spinnmilben.
Gegen viele Schädlinge haben sich auch eigene Zubereitungen aus Wermut, Brennnessel und Rainfarn bewährt.

Ernten & konservieren

Man muss aus der Kräuterernte und -konservierung keine Wissenschaft machen. Doch ein wenig Sorgfalt und gutes „Timing" lohnen sich unbedingt, um in den optimalen Genuss der wertvollen Inhaltsstoffe zu kommen und zugleich die Pflanzen zu schonen.

Bei unpassend geernteten oder unzureichend aufbewahrten Würzkräutern machen sich die Versäumnisse deutlich bemerkbar: Sie entfalten kaum Aroma. Auch bei Heilkräutern weisen mangelnder Duft oder Geschmack meist darauf hin, dass die Wirkstoffgehalte nicht im erwünschten Maß ausgeprägt sind.

Kräuterernte

Die nebenstehende Übersicht zeigt, was wann zu ernten ist – je nach genutztem Pflanzenteil und vorgesehener Verwendung. Auf besondere Details und kleine Abweichungen wird in den Porträts (ab S. 95) hingewiesen.

Wirkstoffanreicherung nutzen Bei den meisten Kräutern steigt der Wirkstoffgehalt in den Blättern und Trieben bis etwa zur Blütenknospenbildung an, auch bedingt durch den sommerlichen Sonnen- und Wärmegenuss. Danach investiert die Pflanze ihre Kraft vorwiegend in die Blüten- und Samenentwicklung. Der beste Erntezeitpunkt für Trocknung und Konservierung liegt deshalb meist kurz vor der Blüte – vorzugsweise nach ein paar sonnigen Tagen und nicht nach einer trüben, verregneten Phase. Letzteres gilt

Die Triebe sollten möglichst sauber und schonend abgeschnitten werden.

auch für die Blüten- und Samenernte. Erntet man stattdessen Frisches ganz nach Bedarf, nimmt man teils geringere Konzentrationen in Kauf. Dafür gibt es keine Konservierungsverluste, und schließlich kann man, wenn nötig, einfach ein paar Blättchen mehr z. B. für den Salat oder Tee pflücken.

Schonende Erntetechnik Beim Ernten sollte man unbedingt grobe Verletzungen vermeiden. Blätter, Triebspitzen und Blüten werden per Hand abgezupft, abgeknipst oder mit scharfem Messer bzw. Schere abgeschnitten. Saubere Schnitte sind auch für die Ernte des gesamten Krauts sehr ratsam. Werden größere Mengen gepflückt oder geschnitten, kommt das Erntegut locker und nicht allzu hoch aufgeschichtet in einen luftigen Korb oder einen mit Löchern versehenen Karton. Bis er ins Haus gebracht wird, sollte er an einem schattigen Platz stehen.
Reife Samen können auf ein Tablett o. Ä. ausgeschüttelt werden, doch meist ist es

Kräuterernte zur rechten Zeit

Erntegut	Zeitpunkt	Beispiele
Junge Blätter oder Triebspitzen	fortlaufend, ab der Entwicklung als kräftige Pflanze bis zum Herbst, teils auch über Winter; Ein- und Zweijährige in der Regel nur vor Blühbeginn	Basilikum, Dill, Estragon, Löffelkraut, Majoran, Petersilie, Rucola, Schnittlauch, Schnitt-Sellerie, Zitronenmelisse
Ganze Triebe zum Trocknen bzw. Konservieren	meist kurz vor der Blüte, teils auch zu Blühbeginn, seltener in der Vollblüte	Bohnenkraut, Pfeffer-Minze, Salbei, Thymian; im Blütenstadium z. B. Oregano, Schaf-Garbe, Ysop
Blüten, Blütentriebe	gleich nach vollständigem Öffnen der Blüten oder zum Blühbeginn	Beifuß, Bibernelle, Dill, Goldrute, Johanniskraut, Kamille, Kapuzinerkresse, Lavendel, Nachtkerze, Ringelblume
Samen	nach voller Ausreife, wenn die Samen braun werden bzw. sich leicht aus den Fruchtständen streifen lassen	Anis, Bibernelle, Dill, Engelwurz, Fenchel, Koriander, Kümmel, Liebstöckel, Senf
Wurzeln und andere unterirdische Organe	Spätherbst bis Frühjahr bzw. nach Absterben der oberirdischen Teile; bei Mehrjährigen vorzugsweise erst im 2. oder 3. Jahr	Bärlauch, Baldrian, Beinwell, Bibernelle, Eibisch, Engelwurz, Knoblauch, Liebstöckel, Meerrettich, Nachtkerze, Wurzelpetersilie

von Vorteil, die kompletten Samen- bzw. Fruchtstände abzuschneiden.
Wurzeln sollten möglichst großzügig ausgegraben oder mit einer Grabegabel vorsichtig herausgehebelt werden. Man lässt sie dann etwas abtrocknen, bevor man behutsam die Erdreste abstreift und abwäscht.

Verträgliche Erntemengen Sollen die Kräuter nicht nur einmal komplett beerntet werden, ist es wichtig, ihnen ausreichend Reserve für den Neuaustrieb zu belassen. Bei der fortlaufenden Ernte beschränkt man sich am besten – als ganz grobe Faustregel – auf maximal ein Fünftel der Pflanzenmasse, je nach Wuchsstärke, Jahreszeit und Erntehäufigkeit. Bei der Ernte ganzer Triebe schneidet man Einjährige in der Regel handbreit über dem Boden, bei Mehrjährigen erntet man nur das obere Drittel oder, falls recht starkwüchsig, etwa die Hälfte. Von sehr jungen, noch schwach entwickelten Halbsträuchern und Stauden werden in den ersten ein bis zwei Jahren besser nur einzelne Triebe geerntet.

Am besten erntet man am Vormittag, nach dem Abtrocknen der Morgenfeuchte.

Zum Trocknen werden die Stängel gebündelt und kopfüber aufgehängt.

Kräuter konservieren

Das Trocknen ist das älteste und einfachste Verfahren, um Kräuter längere Zeit haltbar zu machen. Sachgemäß getrocknete und aufbewahrte Kräuter behalten bis zu einem Jahr genügend Aroma zur Nutzung als Würze oder Tee. Verluste der leicht flüchtigen ätherischen Öle halten sich in Grenzen, wenn man das Erntegut recht zügig, aber nicht übermäßig heiß trocknet und es schon ab dem Schnitt vor direkter Sonnenbestrahlung schützt. Zum Trocknen geeignete Kräuter sind im Porträtteil (ab S. 95) durch ein entsprechendes Symbol gekennzeichnet.

Wo trocknen? Altbewährt ist das Aufhängen oder Auslegen der Kräuter an einem warmen, recht schattigen Ort, an dem die Luft möglichst gut zirkulieren kann, z. B. auf dem Dachboden, in einem Schuppen oder an einem überdachten Platz im Freien, etwa auf der Terrasse.
Die Temperaturen sollten tagsüber zwischen 30 und 35 °C erreichen – auf einem Dachboden kann es im Hochsommer für eine schonende Trocknung schon zu heiß werden. Beim Trocknen in geschlossenen Räumen muss man häufig lüften.

Wie trocknen? Die Pflanzenteile sollten möglichst nicht gewaschen werden. Staub oder kleine Erdreste beseitigt man durch vorsichtiges Ausschütteln. Stärker verschmutzte Blätter kann man mit sanftem Wasserstrahl abspülen und tupft sie anschließend gleich mit Küchenpapier trocken. Stark beschädigte oder krankheitsverdächtige Teile werden ausgelassen. Dann werden die Stängel unten zu lockeren Bündeln zusammengebunden und, z. B. an aufgespannten Schnüren, kopfüber aufgehängt. Binden Sie jeweils nur Triebe derselben Art zusammen, und zwar höchstens acht bis zehn pro Bündel.
Kopfüber aufgehängt werden auch Samenstände. Um Verlusten durch ausfallende Samen vorzubeugen, packt man sie entweder in gut luftdurchlässige Stoffbeutel oder legt große Papierbögen, Tücher oder Tabletts darunter.
Kleinere Stängel, Triebspitzen, Samenstände sowie einzelne Blätter und Blüten können Sie zum Trocknen auch in dünner Schicht nebeneinander ausbreiten, etwa in flachen Holzkisten, Körben oder großen Sieben. Ideal ist allerdings eine erhöht angebrachte bzw. auf einem Gestell aufgespannte Unterlage aus Gaze, Mull, Vlies oder feinmaschigem Draht, bei der die Luft auch von unten gut zirkulieren kann.

Trocknung im Backofen Unter einer Schnelltrocknung mit künstlicher Wärme kann zwar das Aroma ein wenig leiden, doch falls kein passender Trocknungsort zur Verfügung steht, ist das eine brauchbare Methode. Breiten Sie dazu die Pflanzenteile locker auf Alufolie oder Backpapier über einem Rost im Backofen aus, stellen Sie ihn maximal auf 35 °C ein und lassen Sie die Backofentür einen Spalt offen, damit das verdunstende Wasser entweichen kann. Oft sind die Kräuter schon nach einigen Stunden trocken. Sogar nur wenige Minuten dauert es in der Mikrowelle. Hier legt man die Kräuter auf Küchenpapier, das die Feuchtigkeit aufnimmt, und deckt sie auch mit solchem ab. Etwas schonender ist die Trocknung in einem Dörrapparat, der nach dem Ausbreiten der Kräuter auf den Rosten auf die niedrigste Stufe eingestellt wird.
Nach einer künstlichen Trocknung müssen alle Pflanzenteile an einem schattigen Platz gut abkühlen können, bevor sie weiterverarbeitet werden.

Trocknen von Wurzeln Wurzeln, etwa von Beinwell oder Engelwurz, brauchen zum Trocknen höhere Temperaturen. Sie sollten

Kleinere Pflanzenteile lassen sich gut auf Sieben oder flachen Körben trocknen.

recht zügig trocknen, da sie andernfalls leicht schimmeln. Hier ist der Backofen, wie zuvor beschrieben, die beste Lösung – in diesem Fall allerdings auf 50–60 °C eingestellt. Zuvor werden die Wurzeln behutsam mit Wasser gesäubert, etwas trocken getupft und, wenn nötig, halbiert oder in kleinere Stücke zerteilt.

EXTRA

Richtige Aufbewahrung

Bei Lufttrocknung zwischen 30 und 35 °C sind die meisten Blätter nach einer Woche trocken, teils schon nach vier Tagen. Sie rascheln dann und zerbröseln leicht, die Stängel splittern schnell. Auch Samen lassen sich nach rund einer Woche meist gut ausschütteln. Blüten brauchen oft etwa zwei Wochen. Nun werden die Blätter von den Stängeln abgetrennt und, wenn sie etwas größer sind, gerebelt, d. h. zwischen den Fingern oder mithilfe eines Siebs zerrieben. Dann kommen sie am besten in dunkel getönte, luftdicht verschließbare Schraubgläser, die an einem dunklen, relativ kühlen Ort aufbewahrt werden. Versehen Sie die Gläser mit Etiketten und notieren Sie darauf den Pflanzennamen sowie das Erntedatum. Andere Pflanzenteile werden ebenso gelagert; Samen lassen sich aber auch gut in Papiertüten aufbewahren.

Meist ist es ratsam, die Kräuter zum Einfrieren klein zu schneiden.

Kräuter einfrieren Von fast allen Küchenkräutern lassen sich Blätter und Triebspitzen einfrieren. Sie bleiben dann ungefähr ein Jahr lang gut verwendbar. Die Kräuter müssen allerdings gleich nach der Entnahme aus dem Tiefkühlfach verbraucht werden. Frieren Sie deshalb stets nur kleine Portionen ein, die jeweils zum Würzen einer Mahlzeit reichen.
Frisch geerntete Pflanzenteile werden zunächst unter sanft fließendem Wasser abgewaschen und mit einem Küchentuch trocken getupft, dann als Ganzes oder klein geschnitten luftdicht in kleine Gefrierbeutel oder Plastikdosen gepackt. Eine andere Möglichkeit ist das Einlegen zerkleinerter Kräuter in mit Wasser gefüllte Eiswürfelschalen. Nach dem Gefrieren verpackt man die Würfel in Plastikbeutel oder -dosen. Zum Schluss sollte alles genau beschriftet werden – unbedingt inklusive Einfrierdatum.

Einlegen in Öl oder Essig Die praktische Methode des Einfrierens stand unseren Vorfahren noch nicht zur Verfügung. Doch dafür ersannen sie neben dem Trocknen noch manch andere pfiffige Praktik, etwa das Einlegen in Essig. Die hier genannten Verfahren eignen sich in erster Linie für Würzkräuter.
Bei dieser Methode werden die Aromastoffe der Kräuter extrahiert und in Öl oder Essig gebunden. Dies eignet sich vor allem für Kräuter mit ausgeprägtem Aroma, etwa Basilikum, Bärlauch, Dill, Estragon, Rosmarin

TIPP

Beim Auftauen werden die Kräuter recht „matschig", außerdem verlieren sie einen Teil ihrer Aromastoffe. Gefrorene Kräuter eignen sich deshalb am besten für Kochgerichte, denen sie noch gefroren kurz vor Ende der Garzeit zugegeben werden.

oder Thymian. Verwenden Sie dafür nur gute, kaltgepresste Pflanzenöle (z. B. Distel-, Olivenöl) und hochwertige Wein- oder Obstessige.

Zum Ansetzen brauchen Sie gut verschließbare Flaschen oder hohe Gläser. Von kleinblättrigen Kräutern legt man ganze Stängel oder Triebspitzen ein. Sie werden zuvor von vertrockneten Partien befreit, behutsam abgespült und trocken getupft. Meist genügen drei bis vier Stängel auf einen halben Liter Öl oder einen Liter Essig. Oder man legt einfach so viele Kräuter ein, dass der Boden gut bedeckt ist. Dann wird Öl oder Essig eingefüllt, bis die Kräuter komplett untergetaucht sind. Anschließend werden die Gefäße gut verschlossen und an einen warmen, hellen Fensterplatz gestellt.

Nun lässt man die Kräuter etwa zwei bis drei Wochen ziehen, im Essig bis zu vier Wochen. Kräuteransätze in Öl sollten während dieser Zeit öfter leicht geschüttelt werden. Zum Schluss werden die Pflanzenreste über ein Sieb oder Tuch abgeseiht, die Flüssigkeit in saubere Flaschen umgefüllt, etikettiert und dann an einem dunklen, kühlen Platz aufbewahrt. Kräuteröle halten sich so etliche Monate, Kräuteressige sogar ein paar Jahre.

Kräuterpasten Kräuterpasten nach dem Vorbild des Pesto sind eine besondere Variante der Konservierung in Öl. Sie können nicht nur aus Basilikum, sondern z. B. auch aus Kerbel, Oregano oder Bärlauch hergestellt werden. Dabei kommen 100 ml Öl auf 100 g sehr fein gehackte oder in einem Mörser zerstoßene Kräuter, denen man ein paar Prisen Salz hinzugibt. Das Öl wird am besten tropfenweise untergerührt. Zum Ansetzen eines „echten" Basilikum-Pestos gehören außerdem geröstete Pinienkerne und etwas Knoblauch.

Kräuter einsalzen In früheren Zeiten war dies eine übliche Konservierungsmethode etwa für Dill, Liebstöckel oder Petersilie. Dabei werden die klein geschnittenen Kräuter mit Salz in Gläsern aufgeschichtet. Auf jede Kräuterschicht folgt eine dünnere Salzlage (etwa ein Viertel oder Drittel so hoch wie die Kräuter). Die gut verschlossenen Gefäße werden dann an einem dunklen, kühlen Platz aufbewahrt. Die Aromaverluste sind allerdings relativ hoch, und das Würzen wird zwangsläufig zu einer recht salzigen Angelegenheit.

Für die moderne Küche ist ein selbst hergestelltes Kräutersalz die bessere Alternative. Es dient allerdings weniger dem Konservieren, sondern einfach als aromatischer Ersatz für normales Kochsalz. Nach bewährtem Mischungsrezept gibt man 200 g Salz auf 1000 g fein zerhackte Frischkräuter bzw. 500 g Trockenkräuter. Dafür eignen sich z. B. Basilikum, Bohnenkraut oder Rosmarin.

Selbst hergestellte Kräuteröle sind eine schöne, individuelle Geschenkidee.

Würzen & genießen

Ob gekochte Speisen, Rohkost oder Süßes – für alles ist ein Kraut gewachsen, das den Geschmack optimal verfeinern und abrunden kann. Das „gewisse Etwas" in der hohen Kochkunst basiert oft auf dem gezielten, fein abgestimmten Gebrauch von Kräutern.

Wie bei allem ist auch bei der Kräuterverwendung noch kein Meister vom Himmel gefallen: Das Ausprobieren und Sammeln von Erfahrungen kann einem kein Buch abnehmen – und schließlich ist immer der eigene Geschmack entscheidend. Rezepte in Zeitschriften, Büchern oder aus dem Internet bieten aber oft eine gute Ausgangsbasis.

Kräuter in der Küche

Mit etwas Lust am Experimentieren stößt man immer wieder auf neue Gaumenfreuden, etwa auch in Form ganz individueller Kräutermischungen. Dabei kann die nebenstehende Übersicht mit den wichtigsten Würzkräutern für verschiedene Speisen erste Anhaltspunkte liefern.

Geschmackliche Abrundung Gerade bei Braten und fetten Fleischgerichten, aber auch bei „gehaltvollen" Gemüsespeisen und Eintöpfen verbessern Kräuter nicht nur den Geschmack, sondern auch Bekömmlichkeit und Verdaulichkeit. Das gilt besonders z. B. für Beifuß, Estragon, Koriander und Thymian. Dies lässt sich beispielsweise auch bei Kar-

Mit Kräutern wie Schnittlauch lässt sich selbst ein einfaches Quarkbrot „veredeln".

Bei der Kräuterwahl für Salate kann man ganz aus dem Vollen schöpfen.

toffeln vorzüglich nutzen: Bratkartoffeln mit Majoran und Backkartoffeln mit Rosmarin sind schmackhafte „Klassiker".
Kräuter können alle Speisen bekömmlicher machen. Doch beispielsweise bei magerem Fleisch, bei Fischgerichten oder Suppen steht zunächst einmal das Fördern eines markanten Aromas im Vordergrund, sodass hier vorzugsweise Würzen mit deutlichem Eigengeschmack gefragt sind. Allerdings: Je prägnanter der Geschmack, desto behutsamer sollten die Kräuter zunächst eingesetzt werden.

Salate – Gesundheit pur In Salaten geben – möglichst nur frisch verwendete – aromatische, gern auch etwas scharfe Kräuter dem knackigen Grün oft erst den richtigen Pep. Zudem fügen sie der gesunden Kost teils noch reichlich Vitamine und Mineralstoffe hinzu. Manche Arten, wie Portulak oder Rucola, eignen sich sogar als Hauptbestandteile eines Salats. Winter- und Frühlingssalate, z. B. mit Barbarakraut, Löffelkraut oder jungen Brennnesselblättern, können als regelrechte Entschlackungskur eingesetzt werden.

Bewährte Kräuterverwendung

Gericht	Passende Kräuter
Schweinefleisch	Beifuß, Fenchel, Gewürzpaprika, Kerbel, Knoblauch, Koriander, Kümmel, Liebstöckel, Majoran, Salbei, Thymian
Rindfleisch	Basilikum, Bohnenkraut, Estragon, Kerbel, Liebstöckel, Lorbeer, Meerrettich, Oregano, Petersilie, Rosmarin, Salbei, Thymian
Lammfleisch	Basilikum, Bohnenkraut, Dill, Kerbel, Knoblauch, Liebstöckel, Oregano, Petersilie, Pfeffer-Minze, Rosmarin, Salbei, Thymian, Weinraute
Geflügel	Beifuß, Currykraut, Estragon, Gewürzpaprika, Liebstöckel, Lorbeer, Majoran, Rosmarin, Salbei, Schnittlauch, Thymian
Wild	Bohnenkraut, Liebstöckel, Lorbeer, Majoran, Rosmarin, Salbei
Hackfleisch	Basilikum, Koriander, Majoran, Pfeffer-Minze, Thymian
Fisch	Basilikum, Borretsch, Currykraut, Dill, Eberraute, Fenchel, Kerbel, Liebstöckel, Meerrettich, Rosmarin, Salbei, Schnittknoblauch, Schnittlauch
Gemüse	Bärlauch, Basilikum, Bohnenkraut, Brunnenkresse, Currykraut, Estragon, Kerbel, Knoblauch, Lorbeer, Petersilie, Pimpinelle, Schnittlauch, Thymian
Suppen und Eintöpfe	Bärlauch, Bohnenkraut, Estragon, Kerbel, Knoblauch, Koriander, Liebstöckel, Majoran, Petersilie, Portulak, Schnittlauch, Schnitt-Sellerie, Thymian
Pizza und Nudeln	Basilikum, Estragon, Gewürzpaprika, Knoblauch, Oregano, Rosmarin, Rucola, Thymian
Eierspeisen	Beifuß, Brunnenkresse, Dill, Gewürzpaprika, Kapuzinerkresse, Kerbel, Kresse, Löffelkraut, Petersilie, Schnittlauch, Weinraute
Salate	Bärlauch, Basilikum, Borretsch, Brunnenkresse, Dill, Gewürzpaprika, Kapuzinerkresse, Kresse, Löffelkraut, Petersilie, Pimpinelle, Portulak, Rucola, Sauerampfer, Schnittlauch, Schnitt-Sellerie, Zitronenmelisse

Mit einem Wiegemesser lassen sich Kräuter besonders gut zerkleinern.

Zubereitungstipps Keine Regel ohne Ausnahme: Das gilt gerade auch für die Frage, inwieweit man Kräuter mitkocht. Im Allgemeinen jedoch werden zarte und eher „saftige" Kräuter wie Basilikum, Petersilie oder Schnittlauch gar nicht mitgekocht oder höchstens kurz vor Ende der Garzeit zugegeben. Letzteres empfiehlt sich auch für die meisten anderen Kräuter. Etwas derbere Kräuter wie Bohnenkraut, Rosmarin, Thymian dagegen sollten wenigstens einige Minuten oder – besonders im Fall von Lorbeer und Chili – von Anfang an mitkochen.

TIPP

Zum schonenden Zerkleinern frischer Kräuter eignet sich am besten ein spezielles Kräuterwiegemesser, das meist schon mit passendem Holzbrett angeboten wird, oder auch ein Keramikmesser.

Das betrifft allerdings nur frische Kräuter. Getrocknete werden in der Regel mitgekocht bzw. spätestens beim Abschmecken mit Salz und Pfeffer zugegeben. Von getrockneten Kräutern reicht oft schon ein Drittel der Menge, die man von Frischkräutern verwendet.

Kräuterquark & -butter

Durch Überstreuen mit Kräutern lassen sich nach Belieben Brote mit Käse oder Streichwurst jeder Art verfeinern. Doch in Kombination mit Butter oder Quark munden viele von ihnen so köstlich, dass man kaum noch einen weiteren Brotbelag vermisst.

Kräuterquark Ob als Brotaufstrich, zu Pellkartoffeln, als Dip zu gegrilltem Fleisch oder Rohkostplatten oder als gehaltvoller „Klecks" im Salat: Kräuterquark lässt sich als gesunde, erfrischende Speise vielfältig einsetzen. Ganz nach Vorliebe kann Mager- oder Sahnequark Verwendung finden und z. B. etwas Sahne, Crème fraîche, Joghurt, Essig oder Öl zugegeben werden.
Die „klassischen" Quarkkräuter sind Petersilie und Schnittlauch, oft im Verein mit Zwiebeln. Beliebt ist auch leicht Scharfes wie Brunnen-, Garten-, Kapuzinerkresse oder Löffelkraut. Aber gerade beim Quark können Sie vielerlei Kräuter und Kombinationen ausprobieren. Gourmets schätzen z. B. auch Borretsch, Dill, Estragon, Kerbel, Pimpinelle, Sauerampfer oder Tripmadam als Quarkzutaten, und mit Salbei, Pfeffer-Minze oder Zitronenmelisse lassen sich nicht ganz alltägliche Geschmacksnoten erzielen.

Kräuterbutter Eine aromatische Kräuterbutter schmeckt auf Baguette oder frischem Vollkornbrot ebenso wie z. B. an Steaks oder mit Folienkartoffeln. Die zuvor einige Zeit bei Zimmertemperatur aufgestellte Butter kann einfach in einer Schüssel mit der Gabel zer-

Süßspeisen & Getränke

Mit Kochtopf, Backofen, Salatschüssel oder Brotzeit hat sich der Kräutergenuss noch lange nicht erschöpft. Auch Süßes, Erfrischendes oder Alkoholisches mundet mit Kräuteraroma oft noch besser.

Süßspeisen Manche Kräuter können Desserts und Süßspeisen wie Obstsalat, Kompott oder Eis eine ganz eigene Note verleihen. Traditionell kommt hier Anis und Koriander große Bedeutung zu, vor allem als Zutat für Plätzchen und anderes Gebäck. Ansonsten sind in Kombination mit Süßem besonders Zitronenmelisse und Pfeffer-Minze interessant, außerdem speziellere Arten mit mildem bis fruchtigem Aroma, etwa Anis–Ysop, Muskateller-Salbei, Orangen-Thymian, Zimt-Basilikum oder Zitronengras.

Borretschblüten dienen als dezente Würze und zugleich als appetitliche Dekoration.

drückt werden. Dann fügt man die frischen, klein geschnittenen Kräuter und, wenn man ihn mag, Knoblauch aus der Presse hinzu, vermischt alles gut und schmeckt das Ganze mit Salz und Pfeffer ab. Mit einem Mixer zum Verrühren der Butter und allmählichem Untermischen der Kräuter wird die Kräuterbutter etwas cremiger und die Aromen vermischen sich noch besser.
Vier bis fünf verschiedene Kräuter sind für eine gute Kräuterbutter meist ausreichend, mehr führt eher zu einem Geschmackswirrwarr. Gut eignen sich z. B. Basilikum, Estragon, Kerbel, Majoran, Oregano, Petersilie, Rosmarin, Schnittlauch und Thymian. Einzelne Komponenten können getrocknet sein, doch Frischkräuter verdienen den Vorzug. Die Zugabe von fein gehackten Schalotten und etwas Zitronensaft verleiht der Kräuterbutter ein Flair von französischer Küche. Eingefroren hält Kräuterbutter etwa ein halbes Jahr.

Ein paar Kräuterblättchen können auch Obstsalate optimal abrunden.

Waldmeister verfeinert Maibowlen, andere alkoholische Getränke und Süßspeisen.

Kräutergelee Kräutergelees können als Brotaufstrich genossen werden, passen oft aber auch gut zu Fleischgerichten. Die Grundlage ist meist ein Apfel- oder Beerenobstgelee, wobei die Kräuter (in kleinen Mengen) mitgekocht und später abgeseiht werden. Gut eignen sich z. B. Estragon, Rosmarin, Salbei und Thymian. Soll Pfefferminze (sehr lecker mit Apfel) oder Basilikum das Gelee verfeinern, werden sie am besten zuvor zu einem kräftig dosierten Tee gekocht und dann in dieser Form der Geleemasse zugegeben.

Erfrischende Kräuterdrinks Ursprünglich aus Marokko stammt eine einfache, aber köstliche Erfrischung für heiße Sommertage: ein im Kühlschrank oder mit Eiswürfeln gekühlter Pfefferminztee, der ganz nach Belieben mit etwas Grüntee kombiniert und mit Zucker gesüßt wird. Ähnliches lässt sich auch mit Zitronenmelisse kredenzen. Zunehmender Beliebtheit erfreuen sich zudem Drinks mit anderen Kräutern, z. B.

Basilikum, Borretsch, Brunnenkresse, Dill, Kerbel oder Petersilie. Sie können kalt mit Milch, Buttermilch, Trinkjoghurt oder auch Mineralwasser angerührt werden, am besten mit einem Mixer. Im Allgemeinen empfiehlt es sich, die Kräuter zu pürieren. Je nach bevorzugter Geschmacksrichtung gibt man Salz, Pfeffer, Zitronensaft oder etwas Koriander hinzu. Eine schmackhafte Ergänzung für Joghurt- und Buttermilchdrinks sind klein geschnittene oder gehobelte Salatgurken.

Kräutercocktails Schon die vorgenannten Drinks werden manchmal als Kräutercocktails bezeichnet. Ein „echter" Cocktail entsteht jedoch in einem Cocktailmixer, kombiniert den Kräutergeschmack mit Fruchtigem, Süßem und/oder Alkohol und wird standesgemäß im Cocktailglas samt Röhrchen serviert – am schönsten garniert mit einem frischen Kräuterzweig oder mit Blüten, etwa von Kapuzinerkresse oder Borretsch. Für leckere Cocktails kommen besonders die bei den Süßspeisen genannten Kräuter infrage, aber z. B. auch Basilikum, Fenchel, Rosmarin, Sauerampfer, Thymian, Wermut oder Ysop. Alkoholfreie Versionen werden mit Milch oder stillem Mineralwasser gemixt, alkoholische z. B. mit Fruchtlikör und Rum, Gin oder Wodka. In beiden Fällen sind Limetten- oder anderer Fruchtsaft oder auch Fruchtsirup eine gute Abrundung.

Alkoholische Kräutergetränke In Kräuterschnäpsen, -likören und -weinen wird das Kräuteraroma – anders als beim Cocktail – extrahiert, sodass man dies auch als Konservierungsmethode ansehen kann.
Oft wirken solche Getränke, wie etwa der beliebte Magenbitter, verdauungsfördernd und magenberuhigend, teils auch appetitanregend. Kräuterweine lassen sich auch gut als Würze für andere Speisen oder Saucen nutzen.

Als Grundlage für Schnäpse und Liköre dienen eher neutral schmeckende Spirituosen, z. B. Korn oder milder Branntwein, für Likör auch Wodka. Für Fruchtweine nimmt man gute Weiß- oder Rotweine, wahlweise trocken oder lieblich. Im Allgemeinen ist eine kräftige Handvoll Kräuter pro Liter Alkohol ausreichend. Angesetzt werden die Getränke in verschließbaren Flaschen mit breiter Öffnung oder in großen Glasgefäßen.

Kräuterschnäpse und -liköre kommen nach dem Verschließen der Gefäße an einen sonnigen Platz, um dort etwa drei Wochen zu ziehen. Zwischendurch sollte man sie öfter etwas schütteln. Zum Schluss werden die Kräuter abgeseiht und die Getränke in saubere Flaschen umgefüllt. Für Liköre löst man dann Zucker (mindestens 100 g pro Liter) in heißem Wasser auf, gibt diesen Sirup nach dem Abkühlen hinzu, lässt das Ganze an einem dunklen, kühleren Ort nochmals ein bis zwei Wochen ziehen und filtriert dann die Zuckerreste ab. Anstelle des Zuckers kann auch Honig verwendet werden.

Ausgesprochene Bitterliköre verzichten auf Süßstoffe und setzen stattdessen auf eine vielfältige Mischung, oft mit hohem Anis- oder Fenchelanteil.

Kräuterweine stellt man von vornherein an einen dunklen Platz mit Zimmertemperatur. Die Kräuter können hier meist schon nach einigen Tagen bzw. einer Woche abgesiebt werden.

Kräuterweine und -schnäpse sind schmackhaft und bekömmlich.

Kräuter für alkoholische Getränke

Getränk	Kräuter
Kräuterschnaps, Kräutergeist	Dill, Estragon, Johanniskraut, Koriander, Kümmel, Liebstöckel, Pfeffer-Minze, Rosmarin, Salbei, Thymian, Ysop
Kräuterlikör	Anis, Anisysop, Beifuß, Fenchel, Koriander, Oregano, Pfeffer-Minze, Rosmarin, Salbei, Schaf-Garbe, Thymian
Kräuterwein	Basilikum, Kamille, Lavendel, Pfeffer-Minze, Rosmarin, Salbei, Waldmeister (kleine Mengen), Wermut (kleine Mengen), Zitronenmelisse

Heilen & pflegen

Seit Urzeiten nutzt der Mensch Kräuter, um Krankheiten zu lindern und zu kurieren. Und auch heute noch leistet ein Kräutergarten als Pflanzenapotheke hervorragende Dienste, vor allem bei kleineren Beschwerden und zur Steigerung des allgemeinen Wohlbefindens.

Schon die in der Küche verwendeten Kräuter haben oft gesundheitsfördernde „Nebeneffekte". Auch Kräutertees können in erster Linie zum Genuss getrunken werden, etwa als magenschonende Alternative zu schwarzem Tee oder Kaffee, und quasi als Dreingabe das Wohlergehen fördern und die Widerstandskräfte stärken.

Wissenswertes

Aber natürlich lassen sich die Kräuter aus dem Garten auch gezielter gegen bestimmte Beschwerden einsetzen. Mit hoch konzentrierten Präparaten aus der Apotheke allerdings können eigene Tees, Salben oder Auszüge meist nicht ganz mithalten. Sie eignen sich deshalb in erster Linie zum Lindern leichter Befindlichkeitsstörungen oder zur unterstützenden Begleitung einer ärztlichen Behandlung. Bereits in der Einführung wurde darauf hingewiesen, dass selbst diese segensreichen Naturheilmittel unerwünschte Nebenwirkungen haben können.

Ein vielfältig bepflanzter Kräutergarten ist eine regelrechte Naturapotheke.

Es ist deshalb stets ratsam:
- ➤ die Verträglichkeit noch nicht probierter Kräuter erst in kleinen Mengen zu testen;
- ➤ eher zurückhaltend zu dosieren und vor allem bei Tees häufig die Kräuter abzuwechseln;
- ➤ sich bei längerem Gebrauch oder unklaren Beschwerden mit dem Arzt abzustimmen;
- ➤ während Schwangerschaft und Stillzeit auf stark wirksame und sehr intensiv schmeckende Kräuteranwendungen zu verzichten oder zuvor den Arzt zu befragen.

Kräutertees

Kräutertees lassen sich gegen vielerlei Beschwerden einsetzen (vergleiche Übersicht auf S. 85). Sie können dabei auch jeweils mehrere geeignete Kräuter kombinieren, z. B. zur Linderung einer Erkältung. Solche Mischungen sollten jedoch höchstens aus vier bis fünf verschiedenen Arten bestehen. Im engeren Sinne versteht man unter Tees nur Heißwasseraufgüsse, doch etwas weiter gefasst kann man auch die auf dieselbe Weise verwendeten Abkochungen und Kaltauszüge dazuzählen.

Teeaufgüsse Aufgüsse mit heißem Wasser in der Tasse oder Teekanne sind die geläufigste Zubereitungsform für Blätter, Triebteile und Blüten. Geht es vor allem um den Teegenuss, können auch Frischkräuter Verwendung finden. Für eine gezieltere Behandlung eignen sich jedoch getrocknete Kräuter mit ihrer höheren Wirkstoffkonzentration besser. In der Regel dosiert man sie mit ein bis zwei gehäuften Teelöffeln pro Tasse, füllt sie in einen Filterbeutel oder seiht sie später mit einem Sieb ab. Mit heißem Wasser überbrüht, lässt man die Pflanzenteile im Allgemeinen zehn Minuten ziehen, deckt dabei am besten das Gefäß ab, damit sich nicht zu viele ätherische Öle verflüchtigen, und rührt

Kräutertees fördern das Wohlbefinden und lindern vielerlei Beschwerden.

gelegentlich um. Manche Kräuter, z. B. Salbei, werden jedoch recht bitter und besser schon etwas früher abgesiebt bzw. herausgenommen. Die Tees können mit Honig oder Zucker gesüßt werden – bei Magen- oder Darmstörungen allerdings höchstens sehr sparsam. Etwas anders gestaltet sich die Zubereitung eines Knoblauchtees: Hier kocht man zunächst das Wasser und gibt dann den Saft ausgepresster Zehen (ein bis zwei pro Tasse) hinzu. Etwas angenehmer schmeckt eine Mischung mit Ingwer und Zitronenmelisse, die man schon vorher zusammen mit Wasser aufbrüht.

TIPP

Beachten Sie, dass bei manchen Kräutern übermäßiger Gebrauch die gewünschte Wirkung ins Unangenehme verstärkt. So kann reichlich Baldrian müde und schläfrig machen, und verdauungsfördernde Kräuter wie Fenchel führen schlimmstenfalls zu Durchfall.

Auch buntblättriger Salbei eignet sich für Tees, doch die reine Art ist aromatischer.

Abkochungen Für Wurzeln und harte Samen, z. B. von der Engelwurz, empfiehlt sich anstelle eines Aufgusses die sogenannte Abkochung. Hierbei werden die Pflanzenteile, mit ein bis zwei Teelöffeln pro Tasse, in einen Topf mit Wasser gegeben, nach Auflegen des Deckels langsam aufgekocht und 10–20 Minuten bei mäßiger Hitze geköchelt. Dann nimmt man das Ganze vom Herd, lässt es noch etwas ziehen und filtert schließlich die Kräuterreste ab.

Kaltauszüge Hierbei werden die Pflanzenteile mit kaltem Wasser übergossen, in abgedeckten Gefäßen über Nacht stehen gelassen, morgens abgeseiht und vor Gebrauch leicht auf Trinktemperatur erwärmt. Unter den im Porträtteil beschriebenen Kräutern bietet sich diese Methode besonders für Baldrian-, Beinwell- und Eibischwurzeln an. Man verzichtet hier auf das Aufbrühen, um die empfindlichen Schleimstoffe zu schonen. Üblich ist dies z. B. auch bei Mistel- oder Malventee.

Inhalieren & Mundpflege

Neben Teegenuss und äußerlicher Anwendung gibt es noch zwei spezielle Einsatzbereiche, bei denen Kräuter große Wirkung entfalten: das Einatmen heilsamer aromatischer Wasserdämpfe und der Gebrauch als Mundwasser.

Inhalationen Dieses altbewährte Hausmittel kann sehr effektiv Erkältungen und Atemwegsbeschwerden lindern und kurieren. Die besten Kräuter dafür sind Thymian, Salbei, Ysop, Kamille (auch zur Hautreinigung und bei Akne), Pfeffer-Minze (auch gegen Kopfschmerzen), Fenchel und Anis. Man gibt von seinem bevorzugten Kraut etwa eine Handvoll auf 1 Liter Wasser, kocht das Ganze in einem Topf auf und atmet dann 10 bis maximal 15 Minuten lang die Dämpfe ein. Dabei sollten Kopf und Topf mit einem großen Handtuch überdeckt werden, damit die äthe-

Lindernde und heilsame Kräutertees

Beschwerden	Heilkräuter
Verdauungsprobleme, Blähungen	Anis, Basilikum, Beifuß, Fenchel, Kamille, Koriander, Kümmel, Liebstöckel, Nachtkerze, Pfeffer-Minze, Rosmarin, Schaf-Garbe, Wermut, Ysop, Zitronenmelisse
Bauchkrämpfe	Fenchel, Kamille, Kümmel, Pfeffer-Minze
Appetitlosigkeit	Beifuß, Kamille, Koriander, Pimpinelle, Schaf-Garbe, Wermut
Durchfall	Bohnenkraut, Eibisch, Johanniskraut, Kamille, Salbei
Erkältung	Eibisch, Kamille, Knoblauch, Meerrettich
Husten, Bronchitis	Anis, Bibernelle, Eibisch, Fenchel, Knoblauch, Salbei, Sauerampfer, Thymian, Ysop
Halsschmerzen	Eibisch, Kamille, Salbei
Kreislaufprobleme, Durchblutungsstörungen	Kerbel, Knoblauch, Lavendel, Rosmarin, Zitronenmelisse
Nervosität, Schlafstörungen	Baldrian, Dill, Johanniskraut, Kamille, Lavendel, Zitronenmelisse
Kopfschmerzen	Pfeffer-Minze, Zitronenmelisse
Harnwegsprobleme	Borretsch, Brennnessel, Goldrute, Meerrettich, Petersilie
Menstruationsbeschwerden	Kamille, Liebstöckel, Schaf-Garbe
Arterienverkalkung	Bärlauch, Knoblauch

rischen Öle ohne Verluste in Nase und Mund gelangen. Praktischer als Topf oder Schüssel ist ein geeigneter Dampfinhalator mit Atemmaske; damit lassen sich auch eventuelle Augenreizungen vermeiden.

Kräuter-Mundwasser Zum Spülen und Gurgeln bei Beschwerden im Rachenraum können erkaltete Aufgüsse, Kaltauszüge oder in Wasser verdünnte Tinkturen Verwendung finden. Gegen Mund- und Zahnfleischentzündungen haben sich besonders Kamille, Salbei, Rosmarin und Thymian bewährt. Eibisch, Ringelblume, Schaf-Garbe und Zitronenmelisse leisten hier ebenfalls gute Dienste. Mundgeruch lässt sich – je nach Ursache – mit Salbei, Thymian, Kamille, Pfeffer-Minze oder auch Basilikum und Petersilie eindämmen. Salbei, Kamille und Eibisch helfen, des Öfteren gegurgelt, auch gegen Halsschmerzen.

Die Wirkung solcher Mundwässer lässt sich durch Zugabe von einigen Tropfen Propolis (Bienenharz) oder ätherischer Ölextrakte verstärken.

Ein Kaltauszug des Ruprechtskrauts *(Geranium robertsianum)* wirkt adstringierend.

Selbst angesetzte Öle geeigneter Kräuter lassen sich zum Einreiben verwenden.

Äußerliche Anwendung

Als Umschläge, in Salben und ähnlichen Darreichungsformen lindern Kräuter Verspannungen, Schmerzen, Hautprobleme und manches mehr. Neben den im Porträtteil vorgestellten Pflanzen sei hier ausdrücklich auch die im Garten schwer kultivierbare Arnika *(Arnica montana)* genannt (vergleiche nebenstehende Übersicht), deren Blüten in Apotheken erhältlich sind. Eine weitere segensreiche Zutat, die bei vielen äußerlichen Anwendungen mit Kräutern kombiniert werden kann, ist Propolis, das Kittharz der Bienen, ein natürliches Antibiotikum und wirksames Heilmittel u. a. für Hauterkrankungen. Beachten Sie, dass manche der hier empfohlenen Kräuter und Hilfsstoffe (z. B. Lanolin) bei dafür empfindlichen Menschen Hautallergien auslösen oder verstärken können.

Kräuterumschläge Umschläge, auch als Kompressen oder Wickel bezeichnet, können z. B. bei Prellungen, Verspannungen, Hautproblemen oder auch zur Linderung innerer Krämpfe eingesetzt werden. Als Umschläge dienen Baumwoll- oder Leinentücher, die, wenn nötig, mit Mullbinden an der betroffenen Körperstelle befestigt werden. Zuvor werden sie in Kräuteraufgüsse, -auszüge oder verdünnte Tinkturen getaucht oder mit Kräutersalbe bestrichen. Warme Kompressen kommen, sofern nicht in heißen Kräuteraufguss getaucht, zunächst in warmes Wasser und werden dann ausgewrungen; ihre Temperatur sollte bei 35–40 °C liegen. Nach dem Befestigen des „Kräutertuchs" wird dann noch ein zweites Baumwolltuch daraufgelegt, eventuell auch eine Folie, die Verschmutzungen vorbeugt; bei warmen Behandlungen kommt zusätzlich ein Wolltuch darüber, oder man legt eine Wärmeflasche auf. Der Umschlag sollte mindestens eine halbe Stunde verbleiben, meist sind ein bis zwei Stunden empfehlenswert.
Intensivieren lässt sich die Behandlung, indem man mit Mörser oder Küchenmaschine stark zerkleinerte Kräuter mit Wasser auf-

kocht, zu einem Brei vermengt und in dicker Schicht aufträgt. Darauf folgen wieder die Tücher als Wickel, wie zuvor beschrieben. Warme Umschläge eignen sich besonders dort, wo Durchblutungsförderung und das Lösen von Verspannungen und Krämpfen gefragt sind. Kalte Umschläge empfehlen sich im Allgemeinen zur Entzündungshemmung, bei Quetschungen und Prellungen, zum Fördern der Wundverheilung und oft auch bei Hautproblemen.

Heilkräuteröle Nicht zu verwechseln mit hoch konzentrierten ätherischen Ölen, sind selbst hergestellte Kräuteröle Auszüge, die meist mit Oliven- oder auch Jojobaöl angesetzt werden. Solche Öle, überwiegend auf Basis der in der Übersicht genannten Kräuter, dienen vor allem zum Einreiben sowie als Massageöle. Bei Hautabschürfungen, leichten Wunden und Ekzemen können auch Mischöle, z. B. aus Beinwell, Kamille, Ringelblume und Thymian helfen. Ein Anis-Fenchel-Öl sorgt bei einer Bauchmassage für Erleichterung bei Völlegefühl oder Blähungen. Die Zubereitung geschieht auf dieselbe Weise, wie man Würzkräuter in Öl konserviert (siehe S. 74–75). Hier füllt man das Ansetzglas allerdings zu einem Drittel oder gar bis zur Hälfte mit den Kräutern.

Arnika zählt zu den wirksamsten Pflanzen für wohltuende äußerliche Anwendungen.

Beliebte Kräuter für Umschläge, Öle und Salben

Kraut	Anwendungsbereiche
Arnika	Verstauchungen, Prellungen, Zerrungen, Blutergüsse, Insektenstiche, Haut- und Venenentzündungen, rheumatische Beschwerden
Beinwell	Verstauchungen, Prellungen, Zerrungen, Arthrose, Wunden, Knochenbrüche
Johanniskraut	Muskelschmerzen, Zerrungen, Quetschungen, Wunden, Hautverletzungen, leichte Verbrennungen, Hautausschläge (Vorsicht, erhöht die Licht- und Sonnenempfindlichkeit!)
Kamille	Wunden, juckende und nässende Hautausschläge
Majoran	Wunden, Juckreiz, rheumatische Beschwerden, Krampfadern, als Schnupfensalbe
Ringelblume	Hautverletzungen und -entzündungen, leichte Verbrennungen, Sonnenbrand, Hautausschläge, Wunden, offene Beine, Erfrierungen, Quetschungen, Verstauchungen, Prellungen, Zerrungen
Salbei	Juckreiz, starkes Schwitzen, Hautausschläge und -entzündungen, Insektenstiche
Schaf-Garbe	Hautausschläge und -entzündungen, fettige Haut, Wunden
Zitronenmelisse	Hautausschläge, Prellungen, Beulen, Blutergüsse, Insektenstiche

Ringelblumensalbe ist ein bewährtes Mittel z. B. bei kleinen Hautverletzungen.

Kräutersalben Bevorzugte Kräuterarten und Verwendung entsprechen den bei den Ölen genannten. Die Salben sind jedoch einfacher in der Anwendung und werden nur auf kleinere Hautpartien aufgetragen. Sie halten sich allerdings selbst im Kühlschrank oft nur wenige Wochen und beginnen dann leicht zu schimmeln. Sauberkeit und Hygiene sind bei der Herstellung oberstes Gebot. Durch Zugabe von Paraben K oder Teebaumöl lässt sich die Haltbarkeit verbessern; auch Vitamin E hat einen leicht konservierenden Effekt.
Als Salbengrundlage dient ein Fett: Vaseline, Schweineschmalz, Eucerin (Apotheke), Pflanzenbratfett oder ein gutes Pflanzenöl (z. B. Oliven-, Mandel-, Jojoba-, Kokos-, Weizenkeimöl), das durch Zugabe von Bienenwachs (etwa 10–20 g pro 100 ml Öl) gehärtet wird. Die Zubereitung erfolgt am besten im Wasserbad, z. B. in einem Marmeladeglas oder Töpfchen, das in einen größeren wassergefüllten Topf gestellt wird. Zunächst wird die Fettgrundlage bzw. das Bienenwachs im Pflanzenöl bei schwacher Hitze zum Schmelzen gebracht und immer wieder umgerührt. Weitere Zugaben wie Kakaobutter oder Sheabutter machen die Salbe geschmeidiger. Dann lässt man das Fett auf Handwärme abkühlen, gibt – als grobe Faustregel – eine Handvoll zerkleinerter bzw. getrockneter Kräuter pro 100 g Fett bzw. 100 ml Öl hinzu und rührt sie gut unter. Nun lässt man das Ganze 30–60 Minuten bei kleiner Flamme köcheln, dann erkalten und einige Stunden oder über Nacht durchziehen. Danach wird die Masse wieder mit schwacher Hitze zum Schmelzen gebracht und nach Abfiltrieren der Kräuterreste in saubere, verschließbare Gefäße bzw. Salbentiegel gefüllt. Zuvor können Sie der Salbe noch ein paar Tropfen ätherisches Öl zur Verstärkung von Duft und Heilwirkung hinzufügen.
Eine gute Variante ist das Herstellen einer Salbe aus einem zuvor angesetzten Heilkräu-

teröl. Dieses müssen Sie lediglich leicht erwärmen und mit dem zuvor geschmolzenen Bienenwachs und eventuell weiteren Zutaten wie Kakaobutter vermischen.

Pflegecremes   Cremes lassen sich häufiger und großflächiger anwenden als Salben und dienen vor allem der Hautpflege. Neben den in der Übersicht auf S. 87 genannten Kräutern können hierfür z. B. auch Aloe, Eibisch, Lavendel, Rosmarin und Thymian verwendet werden. Cremes haben einen Fett- und einen Wasseranteil, sodass in ihnen fett- wie wasserlösliche Wirkstoffe enthalten sind. Als Fette dienen die bei der Salbe genannten Pflanzenöle, denen ebenfalls Bienenwachs zum Verfestigen sowie am besten auch Kakao- oder Sheabutter zugegeben wird. Sehr wichtig ist außerdem ein Emulgator wie Tegomuls, Emulsan, Wollwachsalkohol, Lecithin oder Lanolin, der dafür sorgt, dass sich Fette und Wasser später gut verbinden.

Die Öle samt Zusätzen werden nun in einem Wasserbad auf 60–70 °C erhitzt, parallel wird etwa die doppelte Menge Wasser auf dieselbe Temperatur gebracht. Sind alle festen Stoffe gelöst, gießt man das Wasser unter ständigem Rühren langsam in das Fett und rührt dann sorgfältig weiter, bis sich das Ganze auf Handwärme abgekühlt und eine cremeartige Konsistenz erreicht hat. Nun gibt man die Kräuter in Form von Tees, Auszügen, Tinkturen oder Ölen hinzu und ergänzt nach Belieben noch einige Tropfen ätherische Ölextrakte. Da die Cremes durch ihren Wassergehalt noch leichter verderblich sind als Salben, fügt man am besten auch Teebaumöl oder Paraben K hinzu.

Tinkturen   Tinkturen sind hochprozentige alkoholische Kräuterauszüge und werden mit mindestens 70 %igem Alkohol aus der Apotheke angesetzt. Ansonsten gleicht die Herstellungsprozedur der eines Kräuterschnapses (siehe S. 81). Allerdings verwendet man kleinere Gefäße, z. B. Schraubgläser, füllt diese etwa bis zur Hälfte mit Kräutern und gießt so viel Alkohol darüber, bis diese gut bedeckt sind. Tinkturen können Sie bis zu 6 Wochen an einem warmen, sonnigen Platz ziehen lassen. Sie werden am besten täglich geschüttelt.

Nach dem Filtrieren sind sie in dunklen (!) Flaschen an einem kühlen Ort aufbewahrt mindestens ein Jahr haltbar.

Cremes, etwa auf Kamillebasis, dienen vorwiegend der Hautpflege.

Für die hochkonzentrierten Tinkturen gibt es viele Verwendungsmöglichkeiten.

Tinkturen können in kleinen Mengen (10–50 Tropfen) eingenommen oder zum Trinken in Wasser gelöst werden. Sie lassen sich auch für Umschläge, Salben, Cremes, zum Mundspülen und Gurgeln oder als Badezusätze verwenden. Dafür setzt man sie entsprechend mit den Kräutern an, die zuvor beim jeweiligen Einsatzbereich genannt wurden. Auch die Übersicht zur Kräuterteeverwendung (siehe S. 85) bietet gute Anhaltspunkte: Das Einreiben mit Pfefferminztinktur hilft z. B. bei Kopfschmerzen, eine Mischtinktur aus Salbei, Thymian und Ysop kann Atemwegserkrankungen lindern.

Wohlfühlkräuter

Die Möglichkeiten einer wohltuenden oder kosmetischen Kräuterverwendung sind nahezu unerschöpflich, vom selbst hergestellten Haarwasser (z. B. mit Brennnessel, Lavendel oder Rosmarin) über duftige Kräutersträuße bis hin zum anregenden oder entspannenden Räuchern, bei dem Kräuter (z. B. Salbei, Lorbeer) in einer Schale mit Räucherkohle langsam verbrannt werden.

Kräuterbäder Bäder mit Kräuterzusätzen dienen oft vor allem der „Wellness". Sie können aber durchaus auch therapeutische Effekte haben. Meist genügen 100–200 g getrocknete Kräuter für ein Vollbad, von Frischkräutern nimmt man die doppelte bis 3-fache Menge. Man kocht sie wie einen Teeaufguss in 1–2 Litern Wasser oder lässt sie wie beim Kaltauszug über Nacht ziehen. Nach dem Abfiltrieren der Pflanzenreste werden die Flüssigkeiten unter das Badewasser gemischt. Stark aromatische Kräuter wie Lavendel oder Rosmarin können Sie auch einfach in kleine Baumwoll- oder Leinensäckchen einfüllen und ins Badewasser hängen. Auch Kräutertinkturen lassen sich als Badezusatz verwenden, ebenso Heilkräuteröle. Für Letztere braucht man allerdings noch einen Emulgator (z. B. Tegomuls oder auch Milch bzw. Sahne), damit sich das Öl gut mit dem Wasser verbindet.
Entspannend wirken z. B. Baldrian, Kamille, Lavendel und Zitronenmelisse, anregend Rosmarin und Pfeffer-Minze, reinigend und entzündungshemmend Ringelblume, Schaf-Garbe sowie Kamille. Kräuterbäder lindern oft auch rheumatische Beschwerden. Für Erkältungsbäder können die bei der Inhalation genannten Kräuter eingesetzt werden, gegen Schweißfüße Fußbäder mit Salbei.
Die ideale Badetemperatur liegt bei 35–38 °C, die empfohlene Badezeit bei 15–20 Minuten.

Duftpotpourris Ab Spätsommer können Zusammenstellungen getrockneter Kräuter in Schalen oder Körbchen die Wohnung mit ihrem Aroma erfüllen. Fügt man einige hübsche Blüten hinzu, erfreuen sie auch das Auge. Noch intensiver duften solche Potpourris, wenn man die Kräuter zerkleinert, gut durchmischt, einige Tropfen passender ätherischer Öle hinzufügt und dann in einer Papiertüte einige Zeit an einem dunklen, kühlen Platz ziehen lässt, bevor sie in der Schale ausgebreitet werden. Potpourris und Kräutersträuße eignen sich auch als schöne Geschenke.

Kräutersäckchen und -kissen

Kräutersäckchen bereichern mit ihrem Duft die Umgebung und können z. B. unangenehme Gerüche vertreiben oder Kleidungsstücken im Schrank einen frischen Hauch verleihen. Zum Umhüllen eignen sich Baumwolle oder Leinen, die man leicht zu Säckchen vernähen und nach Lust und Laune ornamental besticken kann. Schneidet man die Stoffstücke etwas größer zu, ist auch schnell ein Kissen gefertigt, um sich angenehmst darauf zu betten.

Befüllt werden Säckchen und Kissen mit getrockneten Kräutern, am besten in Mischungen aus 2–5 Komponenten. Lassen Sie sich einfach von Ihrer Nase leiten, kombinieren Sie Ihre Lieblingsdüfte und beachten Sie dabei ein wenig die bei den anderen Anwendungen genannten Wirkungen der Kräuter. Für ein entspannendes Ruhekissen eignen sich z. B. Kamille, Zitronenmelisse, Lavendel, Beifuß und Anis, zu einem klaren Kopf verhelfen Rosmarin und Pfeffer-Minze, denen man einige Fichtennadeln und etwas Eukalyptusöl beimischen kann.

Kombiniert mit getrockneten Blüten, erfreut ein Duftpotpourri auch das Auge.

EXTRA

Buttermilch-Kräuter-Bad zum Verwöhnen

In solch einem Bad kann sich trockene, strapazierte Haut hervorragend regenerieren, und der ganze Körper genießt die durchgreifende Entspannung. Sogar ein Sonnenbrand wird dadurch gelindert. Geeignete Kräuterzusätze sind Zitronenmelisse, Salbei oder Ringelblume, als Aufguss (100–200 g auf 1 Liter Wasser, 10 Minuten ziehen lassen), Kräuteröl oder Tinktur. Sie werden zusammen mit 1 Liter Buttermilch sowie einigen Tropfen Weizenkeimöl ins Badewasser gegeben – und dann heißt es nur noch: erholen und genießen.

Gegen Plagegeister

Dass manche Schädlinge und Lästlinge intensive Kräuterdüfte scheuen, macht man sich vor allem im Garten durch Misch- und Schutzpflanzungen zunutze. Doch auch im und am Haus lassen sich aromatische Pflanzen zum Vertreiben und Fernhalten von Ungeziefer und Schadinsekten einsetzen.

In der Wohnung kann man mit Kräutern manchmal „zwei Fliegen mit einer Klappe schlagen", indem man ihre Düfte genießt und zugleich auf ihre abschreckende Wirkung auf bestimmte Lästlinge baut. Im Garten helfen manche Kräuter bei der aktiven Bekämpfung von Schädlingen und Krankheiten.

Die ätherischen Öle des Lavendels vertreiben Stechmücken.

Im Haus

Der Einsatz von „Vertreibungskräutern" ist ein altes Hausmittel. Teils sind die Erfahrungen zur Wirksamkeit recht unterschiedlich. Diese kann z. B. von der Jahreszeit und Witterung abhängen, da die Aromastoffgehalte der Kräuter ebenso veränderlich sind wie die Vermehrungszyklen der Schädlinge. Dennoch erweisen sich solche naturgemäßen Methoden nicht selten sich als recht effektiv.

Düfte zum Vertreiben Zur Vorbeugung und Abwehr von Ungeziefer werden meist einfach ein paar Kräuterbüschel, -sträuße oder -säckchen an „kritischen Stellen" ausgelegt, aufgestellt oder aufgehängt. Gegen von draußen eindringende Insekten sind z. B. die Fensterbank und der Haustürbereich ein guter Platz.
Einsetzen kann man:
- gegen Fliegen: Beifuß, Lavendel, Wermut, Brennnessel
- gegen Fruchtfliegen: Basilikum, Pfeffer-Minze
- gegen Stechmücken: Lavendel, Rosmarin (auf der Terrasse im Grillfeuer verbrennen)
- gegen Kleidermotten: Lavendel, Eberraute, Rosmarin, Waldmeister
- gegen Lebensmittelmotten: Lorbeer, Lavendel, Pfeffer-Minze
- gegen Mehlkäfer: Lorbeer
- gegen Ameisen: Eberraute, Lavendel, Majoran, Thymian, Kerbel, Pfeffer-Minze; mit Wermutjauche übergießen
- gegen Mäuse: Pfeffer
- , Rainfarn, Chilifrüchte

Meist sind Mischungen der genannten Kräuter am wirksamsten. Sie müssen regelmäßig erneuert werden, wenn die Duftwirkung allmählich nachlässt.

Im Garten

Der Kräutergarten liefert neben vielem anderen auch „Grundstoffe" für naturgemäße Pflanzenschutzmittel frei Haus. Bestimmte Kräuterbrühen, -tees, -auszüge oder -jauchen dämmen wirksam Schädlinge und Krankheiten ein oder stärken zumindest die Widerstandskraft der Pflanzen.

Mittel selbst herstellen Die Übersicht auf S. 94 stellt die wichtigsten Pflanzenschutz- und Stärkungsmittel aus Kräutern und ihre Anwendungsbereiche vor. Mitberücksichtigt wurden auch Ackerschachtelhalm (Zinnkraut, *Equisetum arvense*) und Rainfarn *(Tanacetum vulgare),* zwei im Pflanzenschutz sehr wirksame Wildpflanzen, die man in der Landschaft sammeln kann (Ackerschachtelhalm ist auch in Apotheken erhältlich).
Grundsätzlich unterscheidet man folgende Zubereitungsarten:
➤ Brühe: Pflanzenteile 24 Stunden in kaltem Wasser einweichen, dann 20–30 Minuten bei geringer Hitze sieden lassen, nach Abkühlung absieben
➤ Tee: Pflanzenteile mit kochendem Wasser übergießen, 10–15 Minuten ziehen lassen, abseihen; nach Abkühlung verwenden
➤ Kaltwasserauszug: Pflanzenteile ein bis zwei Tage in kaltes Wasser legen, anschließend absieben
➤ Jauche: Pflanzenteile in einer Tonne ansetzen und mit Wasser übergießen. Tonne an sonnigem Platz unverschlossen aufstellen und täglich umrühren, zur Geruchsbindung etwas Gesteinsmehl zugeben und dann gären lassen. Nach Abklingen der Schaumbildung und Absinken der Pflanzenreste verwenden

Eine Schachtelhalmbrühe wirkt pflanzenstärkend und lässt sich einfach herstellen.

Die Mengenangaben in der Übersicht beziehen sich der Einfachheit halber jeweils auf 10 Liter Wasser. Gerade bei Tees, die vor dem Ausbringen meist stark in Wasser verdünnt werden, reichen oft wesentlich kleinere Ansätze, in 1 Liter Wasser oder weniger.

Kräutermittel verwenden Solche Pflanzenmittel werden je nach Anwendungsbereich mit einer Spritze oder Gießkanne ausgebracht. Man sollte sie möglichst gleich bei Anfangsbefall oder schon vorbeugend einsetzen, dies des Öfteren in kurzen Abständen, und die Pflanzen gründlich benetzen. Zum Spritzen kann als Haftmittel etwas Schmierseife hinzugefügt werden.
Besonders gegen Pilzkrankheiten ist es oft vorteilhaft, Ackerschachtelhalm, Rainfarn und/oder Schaf-Garbe zu vermengen, damit sich ihre Wirkungen durch die Kombination gegenseitig verstärken.

Pflanzenschutz- und Stärkungsmittel auf Kräuterbasis

Mittel	Ansatzmenge auf 10 l Wasser	Einsatzbereich (Verdünnung)
Ackerschachtelhalmbrühe oder -jauche	Kraut frisch: 1,5 kg, getrocknet: 200 g; für Jauche 100 g getrocknet	Pilzkrankheiten, Spinnmilben, Lauchmotte (1:5)
Brennnesselkaltwasserauszug	Kraut frisch: 1 kg, getrocknet: 100–200 g	Blattläuse, Weiße Fliege (unverdünnt)
Kamillenkaltwasserauszug	Blüten frisch: 500–1000 g	Fäulnishemmung, Pflanzenstärkung (1:5)
Kamillentee	Blüten frisch: 50 g	Saatgutbeize (unverdünnt)
Kapuzinerkressetee	Kraut und Blüten frisch: 1,5–2 kg	Blut- und Schildläuse (1:10 beim Spritzen oder unverdünnt zum Abbürsten der Läuse)
Knoblauchtee	Zehen frisch: 700 g	Pilz- und Bakterienkrankheiten (unverdünnt), Spinnmilben (1:7)
Meerrettichbrühe oder -tee	Wurzeln und Blätter frisch: 300 g	Monilia an Steinobst (Brühe unverdünnt, Tee 1:5)
Rainfarnbrühe, -tee, -auszug oder -jauche	Blütenköpfe getrocknet: 300 g, für Jauche 3 kg	Schädlinge, Mehltau und Rost (unverdünnt)
Schaf-Garben-Kaltwasserauszug	Blütenköpfe getrocknet: 200 g	Pilzkrankheiten (1:10)
Wermutbrühe oder -tee	Kraut mit Blüten frisch: 300 g, getrocknet: 30 g	Blattläuse, Apfelwickler, Brombeergallmilbe (unverdünnt)
Wermutjauche	Kraut mit Blüten frisch: 300 g, getrocknet: 30 g	Ameisen, Raupen, Läuse, Säulenrost an Johannisbeeren (unverdünnt)
Zwiebelschalenjauche	Zwiebelschalen (Küchenabfälle): 1 kg	Pilzkrankheiten (1:10), Möhrenfliege (1:20)

Erklärung der Symbole im Porträtteil

✿ ✿ ✿ ✿ ✿ ✿ ✿ ✿ ✿   Blütenfarbe

- geringer Wasserbedarf
- normaler Wasserbedarf
- hoher Wasserbedarf

- sonniger Standort
- halbschattiger Standort
- schattiger Standort

- Einlegen möglich
- Einfrieren möglich
- Trocknen möglich

- 50–100   Wuchshöhe in cm
- V/VI   Erntezeit in Monaten

Kräuter von A–Z

Dieses Kapitel bietet Ihnen Anbau-, Pflege- und Erntetipps für eine Vielzahl von Kräutern. Neben allen beliebten Arten sind auch einige weniger populäre Kräuter berücksichtigt, die einen Versuch im Garten lohnen. Die Kurzangaben zur Erntezeit beziehen sich jeweils auf das Haupterntegut.

Knoblauch
Allium sativum

Anbau Verwenden Sie am besten käuflichen Pflanz-Knoblauch. Von diesem im Oktober oder März/April einzelne Zehen so in den Boden stecken, dass die Spitze etwa 2 cm unter die Oberfläche kommt. Reihenabstand 20–25 cm, in der Reihe 15 cm. Knoblauch kann auch gut zwischen Erdbeeren oder Tomaten gesteckt oder in Mischkultur mit Möhren angebaut werden.
Pflege Bei lang anhaltender Trockenheit gießen; etwas Kompost geben.
Ernte Wenn die Blätter verbraunen und umknicken, die aromatischen, gesundheitsfördernden Zwiebeln aus dem Boden holen. Luftig und schattig lagern.

Dill
Anethum graveolens

Anbau Direktsaat von April bis August, am besten in Folgesaaten. Mit 20–30 cm Reihenabstand oder breitwürfig; für Samenernte in der Reihe auf 10–20 cm ausdünnen.
Pflege Bei Trockenheit gießen; Boden regelmäßig lockern.
Ernte Blätter fortlaufend bis zum ersten Frost; Blütenstände zum Blühbeginn. Die Samen ernten, sobald sie braun werden, dann trocknen. Verwendung von Blättern für Salate, Fisch- und andere Gerichte; Samen und Blütenstände v. a. zum Einlegen von Gurken. Ein Blättertee hilft bei Verdauungsproblemen, ein Tee aus Samen gegen Schlafstörungen.

Kerbel
Anthriscus cerefolium

Anbau Direktsaat von März bis August, bei Bedarf alle 4 Wochen nachsäen. Reihenabstand 10–15 cm, kann in der Reihe recht eng stehen.
Pflege Bei Trockenheit gründlich gießen.
Ernte Blätter von noch nicht blühenden Pflanzen schneiden; je nach Saattermin 4–8 Wochen nach dem Säen. Nicht zu tief schneiden, damit neues Laub austreibt – so werden mehrere Ernten möglich. Gleich verwenden, da das Aroma recht flüchtig ist. Der zartwürzige Kerbel eignet sich z. B. für Salate, Suppen und Kräuterbutter. Er wirkt stoffwechselanregend und findet auch Verwendung als blutreinigender Tee.

Schnitt-, Blatt-Sellerie
Apium graveolens var. *secalinum*

Anbau Anzucht März bis Mai; Samen nur ganz fein mit Erde abdecken. Große Sämlinge dann in Einzeltöpfchen pikieren und ab Anfang Mai mit 30–35 cm Abstand auspflanzen. Oder ab Ende April direkt ins Beet säen.
Pflege Bei Trockenheit gießen. Regelmäßig hacken oder mulchen.
Ernte Blätter fortlaufend nach Bedarf abschneiden oder -rupfen. Regelmäßiges Pflücken verlängert die Erntezeit. Mit ihrem würzigen Selleriegeschmack passen die Blätter sehr gut zu deftigen Suppen, Eintöpfen und Soßen, bereichern aber auch Salate. Sellerie wirkt entwässernd und verdauungsfördernd.

Barbarakraut, Winterkresse
Barbarea vulgaris

Anbau Direktsaat für die Winterernte von Ende Juli bis September; aber auch Frühjahrsaussaat möglich, ebenso das Vorziehen ab Frühjahr zum späteren Verpflanzen. Pflanzenabstand 20–25 cm.
Pflege Bei Trockenheit regelmäßig gießen. Am besten mulchen. Wenn Sie spät gesäte Pflanzen bis zum nächsten Frühsommer stehen lassen, erscheinen die gelben Blüten und sorgen dann durch Selbstaussaat für Nachwuchs.
Ernte Blätter bis zur Blüte fortlaufend ernten. Da das Barbarakraut wintergrün ist, liefert es auch in der kalten Jahreszeit eine vitaminreiche Würze mit kresseähnlichem Geschmack.

Borretsch, Gurkenkraut
Borago officinalis

Anbau Direktsaat April bis Juli, am besten in kleinen Grüppchen und nur geringer Menge; später auf 25 cm Abstand ausdünnen. Eignet sich gut zum optischen Auflockern von Gemüsebeeten.
Pflege Bei Trockenheit gießen. Borretsch verbreitet sich leicht durch Selbstaussaat und kann überhandnehmen; deshalb die Sämlinge regelmäßig auslichten.
Ernte Blätter ab Mai fortlaufend ernten. Mit ihrem gurkenartigen Geschmack verfeinern sie Salate, Eierspeisen, Fischgerichte und eingelegte Gurken. Auch die hübschen blauen Blüten sind essbar und ergeben eine ansprechende Garnierung.

Ringelblume
Calendula officinalis

Gewürzpaprika, Chili
Capsicum-Arten

Anbau Bevorzugen Sie für die Verwendung als Heilpflanze orangefarbene, halb gefüllte bis gefüllte Sorten. Anzucht ab März mit Pflanzung ab Ende April; oder Direktsaat von April bis Juni. Pflanzenabstand 20–30 cm. Vermehrt sich durch Selbstaussaat.
Pflege Bei anhaltender Trockenheit gießen. Verblühtes entfernen, wenn keine Selbstaussaat gewünscht.
Ernte Für Salben oder Umschläge (gegen Entzündungen und Wunden) voll geöffnete Blüten ernten. Gleich verarbeiten oder an einem schattigen Platz trocknen. Mit den essbaren Blüten lassen sich Tees oder Salate appetitlich dekorieren.

Anbau Anders als die großfrüchtigen Gemüsepaprikas liefern Gewürzpaprikas (Peperoni) meist schmale, spitzkegelige Früchte mit mild- bis feuerscharfem Geschmack. Die meisten gehören zu *Capsicum annuum,* auch Jalapenos und viele als Chili oder Cayennepfeffer gehandelte Sorten. Spezialgärtnereien bieten Sorten weiterer Arten an, etwa von *C. frutescens* (z. B. Tabasco-Chili) und *C. chinense* (z. B. Habaneros). Solche „Exoten" sind teils ausgesprochen scharf, oft aber auch besonders wärmebedürftig. Mehr noch als bei *C.-annuum*-Sorten empfiehlt sich die Kultur im Gewächshaus oder Kübel.
Anzucht bei 20–26 °C. Pflanzung ins Freie gegen Ende Mai, im Gewächshaus oder unter Folientunnel Anfang Mai. Pflanzabstand je nach Wuchshöhe 40–75 cm.
Pflege Mulchen oder auf dunkler Mulchfolie anbauen (in Schlitze pflanzen). Gleichmäßig feucht halten. Bei staksigem Wuchs bei 40–50 cm Höhe entspitzen. Ein- bis zweimal düngen. Hohe Sorten mit Stäben oder Schnüren stützen. Im Topf teils mehrjährige Haltung möglich (hell und kühl überwintern).
Ernte Sobald sich die Früchte fest anfühlen, je nach Sorte und Verwendung noch grün oder voll ausgefärbt (rot, violettbraun oder gelb).

Kümmel
Carum carvi

Löffelkraut
Cochlearia officinalis

Anbau Direktsaat von April bis Mai; Lichtkeimer. 30 cm Reihenabstand, später in der Reihe auf 15 cm Abstand ausdünnen. Kümmel liebt kalk- und humusreichen Boden. Nicht in der Nähe von Fenchel anbauen.
Pflege Bei Trockenheit gießen. Im 2. Frühjahr düngen.
Ernte Blüten erscheinen erst im 2. Jahr. Im 1. Jahr können Sie aber schon junge Blätter ernten und als Würze für Suppen und Salate verwenden. Zur Gewinnung der Samen im folgenden Sommer die Samenstände abschneiden, wenn sie sich braun färben. An schattigem, luftigem Platz nachreifen lassen, dann die Samen herausschütteln.

Anbau Direktsaat im März/April oder von August bis Mitte September, mit 25 cm Reihenabstand, später in der Reihe auf 15–20 cm Abstand ausdünnen. Das wintergrüne, meist zweijährig kultivierte Löffelkraut wächst teils auch ausdauernd und vermehrt sich an zusagenden Standorten durch Selbstaussaat.
Pflege Am besten gleichmäßig leicht feucht halten. Regelmäßig hacken oder den Boden mulchen.
Ernte Fortlaufend junge Blätter abschneiden. Wegen seines hohen Vitamin-C-Gehalts war das Löffelkraut früher bei Seefahrern zur Vorbeugung gegen Skorbut hoch geschätzt. Heute ist das vitaminreiche Würz- und Salatkraut besonders wertvoll im Winter, wenn es sonst kaum Frisches zu ernten gibt: Löffelkraut kann sogar unter Schnee oder leicht gefroren gepflückt werden. Es eignet sich auch sehr gut für eine belebende Frühjahrskur. Im Sommer werden die Blätter allerdings schnell sehr scharf.
Die löffelförmigen, kresse- bis senfartig schmeckenden Blätter munden in Salaten, Kräuterquark und als Brotaufstrich und passen auch zu Eierspeisen und Kartoffeln. In Salaten kann eine Kombination mit Borretsch und Schnittlauch den etwas bitteren Geschmack mildern.

Koriander
Coriandrum sativum

Anbau Für die Ernte der Früchte Direktsaat im April in Reihen mit 25–30 cm Abstand; später auf 10 cm ausdünnen. Spezieller Blattkoriander (Cilantro) kann bis Anfang Juni gesät werden.
Pflege Bei anhaltender Trockenheit gießen.
Ernte Frische Blättchen bis zu Beginn der Blüte ernten; sie eignen sich für Salate und viele asiatische Gerichte. Ab Spätsommer reife Fruchtstände abschneiden und über Papierbögen trocknen; die Einzelfrüchte fallen dann heraus. Sie finden Verwendung in Gebäck und Brot, beim Einlegen von Gurken oder für deftige Gerichte. Koriandertee hilft bei Verdauungsbeschwerden.

Rucola, Salatrauke
Eruca sativa

Anbau Direktsaat ab Ende März bis September, unter Glas ganzjährig; in Folgesaaten. Mit 20 cm Reihenabstand oder breitwürfig.
Pflege Gleichmäßig feucht halten, sonst schmecken die Blätter bitter und scharf. Keine stickstoffbetonte Düngung, um hohe Nitratgehalte zu vermeiden. Regelmäßig hacken.
Ernte Einzelne, bevorzugt junge Blätter nach Bedarf schneiden; sonst ganze Reihe bei 15–20 cm Höhe ernten. Kresse- und zugleich nussartiger Geschmack; als Würze für Salate, zu Tomaten, roh auf Pizzen, an Fleischgerichten. Lässt sich schlecht konservieren, aber wie Basilikum zu Pesto verarbeiten.

Gartenkresse
Lepidium sativum

Anbau Direktsaat von März bis Oktober in Folgesaaten, auf der Fensterbank oder im Gewächshaus auch ganzjährig. In Reihen mit 10 cm Abstand oder breitwürfig säen; Lichtkeimer. Kann im Haus zudem ganzjährig als Lieferant gesunder Keimsprossen gesät werden.
Pflege Gleichmäßig gut feucht halten.
Ernte 1–3 Wochen nach der Aussaat, wenn die Pflänzchen etwa 5–8 cm hoch sind. Die vitaminreiche Gartenkresse wird als Würze vorzugsweise roh verwendet und gibt einer Vielzahl von Gerichten aromatischen Pfiff. Sie wirkt blutreinigend, appetitanregend und harntreibend.

Echte Kamille
Matricaria recutita

Basilikum
Ocimum basilicum

Anbau Direktsaat Ende März bis Mai, in Reihen mit 20–25 cm Abstand oder breitwürfig; Lichtkeimer. Später auf 15–20 cm Abstand ausdünnen. Auch eine Herbstsaat Ende August bis September ist möglich; die Ernte setzt dann im nächsten Jahr etwas früher ein. Die Echte Kamille verträgt recht mageren sowie kalkhaltigen Boden. Gemüsebeete, die zuvor sehr stickstoffreich gedüngt wurden, sollten gemieden werden.
Eine mehrjährige Verwandte ist die Römische Kamille (siehe S. 110).
Pflege Bei anhaltender Trockenheit gießen. Im Jugendstadium konkurrierende Unkräuter gründlich bekämpfen.

Ernte Den Sommer über Blütenköpfe mit kurzem Stielstück abschneiden. Sie sind erntereif, wenn wenigstens die Hälfte der gelben Röhrenblüten geöffnet ist. Nur bei trockenem Wetter ernten. Die Blütenköpfe an einem luftigen, schattigen Platz in dünner Schicht ausgebreitet trocknen lassen. Die heilsame Wirkung der Kamille hat sich u. a. bei Entzündungen des Hals-, Nasen- und Rachenraums, Hautreizungen und Magen-Darm-Problemen bewährt. Sie eignet sich für Tees, zum Inhalieren, ebenso für Salben und Bäder. Vorsicht, Kamille kann zuweilen allergische Reaktionen auslösen und augenreizend wirken.

Anbau Anzucht Ende März bis Mai bei 18–22 °C; Lichtkeimer. Nach Mitte Mai mit 30 × 25 cm Abstand auspflanzen. Braucht warme, geschützte Lagen; Topfkultur ist oft sicherer. Eine kleine Auswahl aus der Fülle interessanter Basilikumarten und -sorten finden Sie auf S. 102.
Pflege In kühlen Frühsommernächten mit Vlies oder Folie abdecken. Gleichmäßig leicht feucht halten. Ein- bis zweimal organisch düngen.
Ernte Junge Triebe und Blätter jederzeit nach Bedarf. Bevorzugt Triebspitzen schneiden, um buschigen Wuchs zu fördern. Zum Einfrieren, Einlegen oder für Pesto kurz vor der Blüte ganze Triebe ernten.

Basilikum: Reichhaltige Auswahl

Sortengruppe, Art	Eigenschaften
Basilikum vom Mittelmeertyp *(Ocimum basilicum)*	
Genoveser Basilikum	die bekannteste Form, mit großen, dunkelgrünen, aromatischen Blättern; in robusten Sorten wie 'Aton', 'Großes Grünes', 'Genoveser', 'Serrata' (sehr große Blätter)
Rotblättrige Sorten	sehr attraktiv mit rotbraunen bis dunkel purpurroten Blättern und rosa bis violetten Blüten; z. B. 'Bordeaux', 'Chianti', 'Moulin Rouge', 'Dark Opal'
Feinblättriges Basilikum, Französisches Basilikum	kleine Blätter mit feinem bis kräftigem Aroma; in kompakten Sorten wie 'Balkonstar' und 'Mini'
Busch-Basilikum, Griechisches Basilikum *(Ocimum basilicum var. minimum)*	kleinblättrig, kräftiges Aroma; sehr kompakt, stark verzweigt, oft kugelförmig
Krausblättriges Basilikum	mit großen, gekrausten Blättern, in Grün ('Green Ruffles') oder Rot ('Purple Ruffles')
Basilikum aus Thailand	
Thai-Basilikum (Horapa) *(Ocimum basilicum)*	großblättrig, süßlich aromatisch, mit leichter Anis- und Lakritznote; in Sorten wie 'Siam Queen'
Wildes Basilikum, Tulsi *(Ocimum canum)*	großblättrig, Geschmack ähnlich wie Mittelmeer-Basilikum, aber etwas derber; robust, teils verholzend und mehrjährig; Sorte 'Wildes Purpur' mit roten, sehr aromatischen Blättern
Heiliges Basilikum *(Ocimum tenuiflorum = O. sanctum)*	kleinblättrig, süßlich und herbwürzig, mit Zimt- und Kampfernote
Basilikum mit besonderen Geschmacksnoten	
Zimt-Basilikum, Mexikanisches Gewürz-Basilikum *(Ocimum basilicum var. cinnamomum)*	großblättrig, mit Zimtaroma, passt gut zu süßen Speisen; violette Blüten; in Sorten wie 'Cino'
Großblättriges Zitronen-Basilikum *(Ocimum basilicum var. citriodorum)*	schmeckt zugleich nach Basilikum und Zitronenmelisse; in Sorten wie 'Sweet Dani' und 'Sweet Lemon'
Kleinblättriges Zitronen-Basilikum, Limonen-Basilikum *(Ocimum americanum)*	besonders intensives und süßes Zitronenaroma
Anis-Basilikum *(Ocimum basilicum var. anisum)*	großblättrig, mit anisartigem Beiton
Strauch-Basilikum	
Ostafrikanisches Strauch-Basilikum *(Ocimum kilimandscharicum)*	vorzugsweise in Hybriden wie 'African Blue', 'Magic Blue'; Geschmack etwas strenger als beim Mittelmeer-Basilikum; bildet große Büsche, mehrjährig bei heller, frostfreier Überwinterung
Kubanisches Strauch-Basilikum *(Ocimum-basilicum-Varietät)*	kleinblättrig; Geschmack ähnlich Mittelmeer-Basilikum, kräftig; bildet rundliche Büsche, robust, mehrjährig bei heller, frostfreier Überwinterung

Majoran
Origanum majorana

Petersilie
Petroselinum crispum

Anbau Anzucht März bis Mai bei 10–15 °C; Lichtkeimer. Ab Mitte Mai mit 25×20 cm Abstand auspflanzen. Oder Direktsaat im Mai/Juni mit 20–25 cm Reihenabstand. Braucht warme, geschützte Lagen; Topfkultur ist oft sicherer.
Pflege Bei anhaltender Trockenheit gießen, aber Vernässung vermeiden. Regelmäßig hacken.
Ernte Ab Mai Blätter und junge Triebe fortlaufend ernten. Zum Konservieren schneiden, wenn die ersten Blütenknospen erscheinen. Würzt deftige Gemüse- und Fleischgerichte, Eintöpfe und Wurst. Als Tee appetitanregend und hilft bei Verdauungsbeschwerden.

Anbau Zur Auswahl stehen Blattpetersilie mit gekrausten oder glatten Blättern (Letztere ist aromatischer), außerdem Wurzelpetersilie (var. *tuberosum*) mit weißer Wurzelrübe. Direktsaat ab Mitte März bis Juli, Wurzelpetersilie nur bis April. Reihenabstand 20–25 cm, später auf 10–15 cm ausdünnen. Keimt langsam, Radieschen oder Kresse als Markiersaat zugeben. Petersilie ist nicht selbstverträglich, deshalb am besten jedes Jahr an einen anderen Platz säen.
Pflege Gleichmäßig leicht feucht, aber nicht nass halten. Jungpflanzen organisch oder mit reifem Kompost düngen, ein- bis zweimal nachdüngen. Bei Überwinterung mit Fichtenreisig abdecken. Regelmäßig hacken. Spät gesäte Pflanzen können Sie auch im Spätherbst ausgraben und in Töpfe pflanzen. Hell und mäßig warm aufgestellt, liefern sie über Winter frische Blätter.
Ernte Nach Bedarf Laub samt Stielen schneiden; dabei die inneren Herzblätter stehen lassen. Bei gelungener Überwinterung sind Ernten bis ins nächste Frühjahr möglich; doch bald erscheinen dann lange Blütenstiele. Die Rüben der Wurzelpetersilie im Spätherbst des 1. Jahres ausgraben. Sie lassen sich ähnlich wie Sellerie für Suppen und Eintöpfe nutzen. Die Petersilienblätter dagegen nicht mitkochen.

Anis
Pimpinella anisum

Anbau Direktsaat April bis Mai, mit 25–30 cm Reihenabstand; später in der Reihe auf 20 cm vereinzeln. Keimt langsam, Radieschen oder Kresse als Markiersaat zugeben.
Pflege Bei Trockenheit gießen. Regelmäßig lockern.
Ernte Wenn sich die Früchte bräunlich verfärben, die Pflanzen abschneiden, zum Trocknen aufhängen und dann die rundlichen Einzelfrüchte ausschütteln. Sie eignen sich für Gebäck und Süßspeisen sowie für Tees gegen Husten und Verdauungsbeschwerden. Leider reifen die Früchte nach kühlen Sommern oft nicht richtig aus. Schon ab Frühsommer lassen sich junge Blätter als Würze ernten.

Portulak
Portulaca oleracea var. *sativa*

Anbau Direktsaat Mai bis August, am besten in Folgesaaten alle 3–4 Wochen. 15–20 cm Reihenabstand; Samen nur dünn mit Erde bedecken.
Pflege Gleichmäßig feucht halten. Nach Entwicklung der Jungpflanzen düngen.
Ernte Ab etwa 4 Wochen nach der Aussaat junge Blätter nicht blühender Pflanzen ernten. Wird nicht allzu tief geschnitten und dann etwas Kompost gegeben, wächst die Pflanze nach und liefert drei bis vier Ernten. Die fleischigen, würzigen, Vitamin-C-reichen Blätter können roh an Salate, Quark und Soßen gegeben oder wie Spinat gedünstet werden.

Sommer-Bohnenkraut
Satureja hortensis

Anbau Direktsaat ab Ende April bis Anfang Juli in Folgesaaten. 25 cm Reihenabstand, wenn nötig, ausdünnen; Samen nur leicht abdecken. Auch Anzucht im März/April mit späterem Verpflanzen möglich. Recht ähnlich ist das etwas kräftiger schmeckende mehrjährige Winter-Bohnenkraut (siehe S. 120).
Pflege Bei Trockenheit mäßig gießen. Regelmäßig den Boden lockern.
Ernte Fortlaufend Blätter pflücken und junge Triebe schneiden. Zum Konservieren am besten kurz vor der Blüte ernten, dann ist das leicht pfeffrige Aroma am intensivsten. Es bleibt aber auch noch während der Blüte erhalten.

Mariendistel
Silybum marianum

Anbau Anzucht im März oder April, ab Mai mit mindestens 50×50 cm Abstand auspflanzen. Bevorzugt nährstoffarmen, gut durchlässigen Boden. Eine dekorative Rarität mit großen, weiß marmorierten, bestachelten Blättern und auffälligen Blütenköpfen.
Pflege Bei anhaltender Trockenheit gießen. Den Boden locker halten.
Ernte Haupterntegut sind die Früchte. Als Tee zubereitet, helfen sie bei Verdauungsbeschwerden und haben eine leicht leber- und gallenschützende Wirkung (bei Fertigpräparaten deutlich stärker). Junge Blätter und Blütenköpfe können als Gemüse zubereitet werden.

Gelbsenf, Weißer Senf
Sinapis alba

Anbau Für die Gewinnung der Senfkörner Direktsaat Mitte März bis April; zur Nutzung der Blätter oder als Gründüngung bis September. Mit 20 cm Reihenabstand oder breitwürfig säen. Senf kann im Haus ganzjährig für Keimsprossen gesät werden.
Pflege Am besten gleichmäßig leicht feucht halten.
Ernte Zur Körnerernte die Pflanzen im Spätsommer abschneiden, wenn sich die Fruchtschoten gelb färben, und zum Trocknen aufhängen. Dann die Samen herausnehmen und nachtrocknen lassen. Sie eignen sich gut zum Würzen, Einlegen und für Marinaden. Junge Blätter passen zu Salaten und Suppen.

Kapuzinerkresse
Tropaeolum majus

Anbau Anzucht im März/April mit Pflanzung ab Mitte Mai oder ab Mitte April Direktsaat. Pflanzenabstand 25–30 cm, bei langtriebigen Klettersorten 40–50 cm.
Pflege Gleichmäßig gut feucht halten. Alle 4 Wochen düngen (eher stickstoffarm). Kletternde Sorten aufleiten.
Ernte Junge Blätter schmecken kresseartig würzig und lassen sich z. B. für Salate und Quark verwenden. Dazu passen auch die essbaren Blüten, die eine hübsche Garnierung bieten. Blütenknospen und Samenkapseln ergeben nach Einlegen erst in Salz, dann in Essig pikante „falsche Kapern" (die echten stammen vom Kapernstrauch).

Schaf-Garbe
Achillea millefolium

Anbau Vorzugsweise im Frühjahr pflanzen, mit 40 cm Abstand. Auch Anzucht oder Direktsaat im Frühjahr oder August/September möglich; Lichtkeimer. Vermehrung durch Teilung. Die beste Heilpflanzensorte ist 'Proa'.
Pflege Bei Trockenheit gießen. Im Herbst zurückschneiden, wenn vorher nicht stark beerntet wurde. Im Frühjahr Kompost oder organischen Dünger geben.
Ernte In der Vollblüte Triebspitzen oder ganze Stängel handbreit über dem Boden abschneiden. Das getrocknete Kraut wirkt als Tee appetitanregend und krampflösend, als Salbe oder Badezusatz entzündungshemmend.

Schnittlauch
Allium schoenoprasum

Anbau Anzucht ab Februar, Direktsaat ab März, je nach Sorte bis Mai oder August. Mit 25–30 cm Reihenabstand oder in Horsten mit 25 cm Abstand; vorgezogene Sämlinge in Büscheln mit 25×25 cm Abstand auspflanzen. Auch vorgezogene Jungpflanzen erhältlich. Bevorzugt kalkhaltigen Boden.
Zum Antreiben über Winter im Spätherbst mitsamt Wurzelballen ausgraben, dann in Töpfe pflanzen, hell bei etwa 20 °C aufstellen.
Alle 2–3 Jahre durch Teilung im Herbst oder Frühjahr verjüngen und zugleich vermehren.
Pflege Bei Trockenheit gießen. Im Frühjahr mit reifem Kompost oder organischem Dünger versorgen. Die hübschen Blüten müssen nicht unbedingt ausgebrochen werden, das Entfernen fördert allerdings die Blattbildung.
Ernte Blattröhren ganzjährig nach Bedarf abschneiden, sobald die Pflanzen gut entwickelt sind. Nicht zu stark beernten, damit die Pflanzen kräftig genug für das Nachtreiben bleiben. Verwendung roh zu Salaten, Suppen, Quark und anderen Gerichten. Die vitamin- und mineralstoffreichen Blätter wirken appetitanregend, verdauungsfördernd und blutdrucksenkend. Auch die Blüten sind essbar und geben eine attraktive Dekoration für Salate ab.

Schnittknoblauch
Allium tuberosum

Anbau Direktsaat oder Anzucht von März bis Juli, Saat bzw. Pflanzung mit 30 cm Reihenabstand und 20 cm in der Reihe. Auch vorgezogene Jungpflanzen erhältlich. Vermehrung älterer Pflanzen durch Teilung (am besten alle 2–3 Jahre).
Pflege Gleichmäßig leicht feucht halten. Im Frühjahr Kompost geben.
Ernte Fortlaufend nach Bedarf Blätter schneiden; nur frisch verwenden. Nicht zu stark beernten, damit die Pflanze immer wieder Neuaustrieb bilden kann. Die würzigen Röhrenblätter lassen sich wie Schnittlauch einsetzen, haben aber eine deutliche Knoblauchnote.

Bärlauch
Allium ursinum

Anbau Gekaufte Zwiebeln im Herbst stecken; Jungpflanzen im zeitigen Frühjahr setzen. Oder Samen zwischen August und Februar an Ort und Stelle breitwürfig ausstreuen (Kaltkeimer); 1–2 cm hoch mit Erde abdecken. Breitet sich dann oft von selbst aus. Bärlauch gedeiht am besten auf frischem bis feuchtem, humosem Boden unter laubabwerfenden Gehölzen.
Pflege Am geeigneten Standort anspruchslos. Bei starker Ausbreitung durch Abstechen mit dem Spaten eindämmen.
Ernte Blätter im Frühjahr ernten, bevor die Blüten erscheinen; die kleinen Zwiebeln im Frühjahr oder Herbst.

Echter Eibisch
Althaea officinalis

Anbau Pflanzung im Frühjahr oder Spätsommer/Herbst mit etwa 60 cm Abstand. Auch Anzucht aus Samen oder Direktsaat im Frühjahr möglich. Durch Teilung einfach zu vermehren. Ideal ist ein sandig-lehmiger Boden.
Pflege Bei Trockenheit gießen. Im Herbst oder Frühjahr mit Kompost versorgen. An Stützstäben aufbinden.
Ernte Den Wurzelstock im Spätherbst oder Winter ausgraben; die Wurzeln säubern, in Stücke schneiden und trocknen. Wurzelauszüge helfen bei Erkältung, Entzündungen im Mund und Magen-Darm-Beschwerden; ebenso Blätter- und Blütentees. Junge Blätter auch für Salate.

Echte Engelwurz
Angelica archangelica

    150–200 VI/VIII

Anbau Direktsaat im September (Kaltkeimer). Im Frühjahr auf etwa 1 m Abstand vereinzeln. Die Engelwurz ist recht kurzlebig, vermehrt sich aber durch Selbstaussaat. In der Regel genügen 2–3 Exemplare dieser stattlichen Wildstaude.
Pflege Gleichmäßig leicht feucht halten. Im Frühjahr organischen Dünger geben. Jungpflanzen anhäufeln. Soll der Wurzelstock geerntet werden, im 1. Jahr die Blütentriebe ausschneiden.
Ernte Junge Blätter fortlaufend ab Mai/Juni, Samen im Herbst. Wurzelstöcke im Herbst des 2. Jahres ausgraben, nach Halbierung trocknen und zerkleinern. Alle Pflanzenteile, besonders aber die Wurzeln, enthalten appetitanregende, verdauungsfördernde und krampflösende Stoffe und haben ein würzig süßliches, anisartiges Aroma. Wurzeln und Samen finden Verwendung in Kräuterlikören („Magenbitter") und können ebenso wie die Blätter auch als Tees, Auszüge und für äußerliche Anwendungen, z. B. bei Rheuma, eingesetzt werden. Die Blätter eignen sich zudem als Würze für Salate und andere Speisen. Sogar die Stängel lassen sich kandiert genießen.
Vorsicht, häufige Anwendung und Hautkontakt mit dem Pflanzensaft kann die Lichtempfindlichkeit erhöhen.

Meerrettich
Armoracia rusticana

   50–70 V/VI

Anbau Vermehrung mit „Fechsern": Das sind dünne, 20–30 cm lange Teilstücke von den Seitenwurzeln. Diese im Frühjahr schräg einpflanzen. Achtung, Meerrettich breitet sich mit der Zeit stark aus; oft genügt eine Pflanze.
Pflege Bei Trockenheit gießen. Im Sommer ein- bis zweimal die Wurzeln vorsichtig freilegen. Dann Seitenwurzeln abtrennen oder mit grobem Tuch abreiben; nur den unteren Wurzelkranz belassen. Danach wieder abdecken. Das fördert die Ausbildung kräftiger Wurzeln.
Ernte Wurzeln ab Herbst ausgraben. Kühl lagern; am besten draußen in Sand einschlagen.

Eberraute
Artemisia abrotanum

Anbau Pflanzung im Frühjahr mit 40 cm Abstand. Meist genügt eine Pflanze. Vermehrung durch Teilung, Absenker oder Stecklinge. Liebt kalkhaltigen, gut durchlässigen Boden.
Pflege Über Winter die Pflanzenbasis mit Nadelholzreisig oder Laub abdecken. Im Frühjahr um gut ein Drittel zurückschneiden und etwas Kompost geben.
Ernte Junge Triebspitzen ab Frühsommer. Zum Trocknen im Spätsommer ganze Triebe schneiden. In kleinen Mengen als Würze für Salate, Soßen und fette Fleischgerichte verwenden. Lässt sich auch als Tee, z. B. bei Verdauungsstörungen, einsetzen sowie zum Vertreiben von Motten.

Wermut
Artemisia absinthium

Anbau Pflanzung im Frühjahr oder Herbst. Eine Pflanze ist meist ausreichend. Einzeln pflanzen, da die Wurzelausscheidungen teils andere Pflanzen hemmen. Auch Anzucht oder Direktsaat im Frühjahr möglich. Vermehrung durch Teilung oder Stecklinge. Liebt kalkhaltigen, gut durchlässigen Boden.
Pflege Im Herbst oder Frühjahr zurückschneiden. In kalten Wintern mit Nadelholzreisig oder Laub abdecken.
Ernte Blätter fortlaufend nach Bedarf schneiden, zum Trocknen im Spätsommer die Triebspitzen. „Klassische" Zutat für Kräuterschnaps wie Absinth; ansonsten Verwendung ähnlich wie Eberraute.

Estragon
Artemisia dracunculus

Anbau Unterschieden wird Französischer Estragon (intensives Aroma mit Anisnote), Deutscher bzw. Thüringischer Estragon (ähnlich, aber robuster) und Russischer Estragon (herber, robust). Pflanzung im April/Mai mit 30–40 cm Abstand. Bei Russischem Estragon Direktsaat April bis Juni möglich. Vermehrung durch Teilung, Ausläufer oder Stecklinge.
Pflege Gleichmäßig leicht feucht halten. Im Herbst zurückschneiden, in rauen Lagen abdecken; im Frühjahr Kompost geben. Alle 3–4 Jahre teilen.
Ernte Junge Triebspitzen und Blätter ab Mai. Zum Konservieren kurz vor der Blüte schneiden.

Mehrjährige Kräuter

Beifuß
Artemisia vulgaris

Römische Kamille
Chamaemelum nobile

Gewürzfenchel
Foeniculum vulgare var. *dulce*

Anbau Anzucht ab März mit Pflanzung im Mai, Direktsaat ab April; Samen dünn abdecken. 40 cm Pflanzenabstand. Oft reicht ein Exemplar. Separat kultivieren, da Beifuß andere Pflanzen hemmen kann. Vermehrung durch Teilung.
Pflege Blütenstände auch bei Nichtverwendung entfernen, sonst droht starke Samenausbreitung. Im Frühjahr zurückschneiden.
Ernte Junge Blätter bis zum Blühbeginn, dann auch Blütenstände mit noch geschlossenen Knospen. Verwendung als verdauungsfördernde Würze für fette Speisen (z. B. Gänsebraten); als Tee, u. a. gegen Magen-Darm-Probleme und Mundgeruch.

Anbau Wird bei uns vor allem als teppichbildende Duftpflanze angeboten. Die nicht blühende Sorte 'Treneague' ist recht trittfest und eignet sich für Duftrasen und -pfade. Pflanzung im Frühjahr oder Frühherbst, mit 15 cm Abstand. Auch Direktsaat oder Anzucht im Frühjahr möglich. Vermehrung durch Teilung.
Pflege Bei anhaltender Trockenheit gießen. Im Frühjahr leicht zurückschneiden.
Ernte Die Blüten einfach blühender Sorten können wie die der einjährigen Echten Kamille (siehe S. 101) geerntet und für Tees, Bäder usw. verwendet werden. Vorsicht, kann gelegentlich allergische Reaktionen hervorrufen.

Anbau Direktsaat März bis April, bei manchen Sorten auch bis August. 40 cm Reihenabstand; später auf 30 cm in der Reihe ausdünnen oder verpflanzen. Nicht neben Dill oder Koriander säen. Wächst oft nur zweijährig, vermehrt sich aber durch Selbstaussaat.
Pflege Gleichmäßig leicht feucht halten. Im Frühjahr mit Kompost versorgen.
Ernte Blätter ab Juni fortlaufend nach Bedarf schneiden. Blüten und Samenstände erscheinen je nach Saattermin meist erst im 2. Jahr. Samenstände ernten, wenn sie sich bräunlich verfärben; die Samen herausklopfen und nachtrocknen lassen.

Waldmeister
Galium odoratum

Anbau Pflanzung im Frühjahr oder Herbst; flächig, mit etwa 12 Pflanzen je m². Ideal ist ein Platz unter laubabwerfenden Gehölzen, der zuvor gut mit Humus angereichert wurde. Vermehrung durch Teilung oder über Ausläufer.
Pflege Nach der Pflanzung mulchen. Bei Trockenheit gießen. Im Frühjahr oder Herbst mit Kompost überziehen.
Ernte Blätter während der Blüte ernten und vor Gebrauch leicht antrocknen lassen. Sie sind die „klassische" Zutat für die Maibowle, können aber auch Süßspeisen und Cocktails aromatisieren. Vorsicht, wegen des Cumarin-Gehalts nur sparsam und nicht allzu oft verwenden.

Currykraut
Helichrysum italicum

Anbau Pflanzung ab Ende April, mit 30–40 cm Abstand. Braucht gut durchlässigen Boden. Lässt sich in frostgeplagten Regionen sicherer als Kübelpflanze kultivieren.
Pflege Nach der Blüte zurückschneiden; Zwerg-Currykraut besser erst im Frühjahr. Im Herbst mit Winterschutz versehen oder drinnen hell und kühl überwintern. Im Frühjahr schwach dosiert düngen.
Ernte Fortlaufend junge Blätter und Triebe; ab Blühbeginn schwächeres Aroma, doch oft noch nutzbar. Schmeckt als Würze angenehm curryartig, aber je nach Sorte und Erntezeitpunkt manchmal recht bitter; sparsam verwenden.

Echtes Johanniskraut
Hypericum perforatum

Anbau Ab Mitte April gekaufte Jungpflanzen setzen, mit 40 cm Abstand. Auch Direktsaat oder Anzucht im Frühjahr möglich; Lichtkeimer. Vermehrung durch Teilung oder Stecklinge. Bevorzugt gut durchlässige, kalkhaltige Böden.
Pflege Bei anhaltender Trockenheit gießen. Im Frühjahr zurückschneiden.
Ernte In der Vollblüte die Blütenstängel schneiden und trocknen. Daraus bereitete Tees wirken nervenstärkend und lindern Depressionen. Äußerlich angewandte Öle sind schmerzstillend und entzündungshemmend. Vorsicht, der Hauptwirkstoff Hypericin erhöht die Lichtempfindlichkeit von Haut und Augen.

Ysop
Hyssopus officinalis

Lavendel
Lavandula angustifolia

Anbau Anzucht März bis Mai, Pflanzung ab Ende April; oder Direktsaat ab Ende April; Lichtkeimer. 25–30 cm Abstand. Vermehrung durch Teilung oder Kopfstecklinge. Mag gut durchlässigen, kalkhaltigen Boden.
Pflege Im Herbst kräftig zurückschneiden und in kalten Wintern mit Nadelholzreisig oder Laub abdecken.
Ernte Blätter und Triebspitzen fortlaufend nach Bedarf schneiden. Zum Konservieren blühende Triebspitzen ernten. Ysoptee hilft bei Husten, Blähungen und anderen Magen-Darm-Beschwerden. Die herb aromatischen Blätter runden Salate sowie Fleisch-, Fisch- und Gemüsegerichte ab.

Anbau Neben der reinen Art gibt es einige kompakter wachsende Sorten sowie Hybriden *(L. × intermedia)* mit verschiedenen Blütenfarben. Auch der breitblättrige, starkwüchsige Speik-Lavendel *(L. latifolia)* kommt infrage. Pflanzung am besten im Frühjahr mit 30–40 cm Abstand. Je nach Art und Sorte ist teils die Anzucht aus Samen im Frühjahr oder Absenker möglich. Vermehrung durch Kopfstecklinge im Frühjahr. Lavendel liebt durchlässigen, eher nährstoffarmen, kalkhaltigen Boden.
Pflege Nur bei lang anhaltender Trockenheit gießen. In rauen Lagen mit leichtem Winterschutz versehen. Alle 2–3 Jahre im zeitigen Frühjahr um etwa ein Drittel zurückschneiden, dann mäßig mit Kompost oder organischem Dünger versorgen.
Ernte Blütentriebe schneiden, sobald sich die Blüten öffnen, und gleich trocknen. Blütentees wirken beruhigend und helfen bei Schlafstörungen, aber auch bei Appetitlosigkeit, Blähungen und nervösen Darmbeschwerden. Badezusätze, Kräuterkissen, Duftsäckchen und -potpourris sind weitere Einsatzmöglichkeiten; ebenso das Auslegen im Kleiderschrank zur Mottenvertreibung. Die Blättchen, jederzeit nach Bedarf zu pflücken, eignen sich als (sparsame) Würze für Fisch-, Fleisch- und Gemüsegerichte.

Liebstöckel, Maggikraut
Levisticum officinale

Anbau Anzucht ab März, Direktsaat ab April sowie im August möglich; Lichtkeimer. Da aber in der Regel 1–2 Exemplare genügen, ist es meist am besten, Jungpflanzen zu kaufen und im Mai zu setzen. Abstand untereinander 60 cm, zu anderen Pflanzen etwa 120 cm. Vermehrung durch Teilen des Wurzelstocks oder Abtrennen von jungen Schösslingen. Anders als viele mediterrane Kräuter bevorzugt Liebstöckel nährstoffreiche, humose, frische bis feuchte Böden, die tiefgründig gelockert werden sollten.
Pflege Bei Trockenheit gießen. Jährlich im Frühjahr Kompost oder organischen Dünger geben. Bei unerwünschter Ausbreitung konsequent Sämlinge und Schösslinge entfernen.
Ernte Junge Blätter fortlaufend ernten, Samen im Spätjahr. Wurzel ab dem 2. Jahr im Herbst ausgraben.
Der traditionellen Verwendung als Suppenwürze verdankt die Pflanze den Namen Maggikraut. Blätter und klein geriebene Wurzeln passen aber auch zu Salaten, Soßen, Fleisch- und Fischgerichten, zu Gemüse und Omelettes; die Samen eignen sich besonders als Brot- und Likörwürze. Liebstöckel hilft bei Verdauungsstörungen, die Wurzel wird zudem gegen Harnwegserkrankungen eingesetzt.

Zitronenmelisse
Melissa officinalis

Anbau Anzucht März bis Mai; Lichtkeimer. Setzen gekaufter Pflanzen ab März, vor kalten Nächten mit Vlies abdecken. Pflanzabstand 30 cm. Vermehrung durch Teilung, Ausläufer oder Stecklinge.
Pflege Bei Trockenheit gießen. Vorsichtig hacken, da flache Wurzeln. In kalten Wintern mit Nadelholzreisig abdecken. Im Frühjahr abgestorbene Triebe entfernen und mit Kompost versorgen.
Ernte Blätter und Triebspitzen nach Bedarf. Zum Konservieren Triebe kurz vor der Blüte abschneiden. Verwendung als Würze für Salate, Fischgerichte oder Süßspeisen sowie für beruhigende, entspannende Tees.

Bach-, Wasser-Minze
Mentha aquatica

Anbau Pflanzung ab April, mit etwa 30 cm Abstand. Vermehrung durch Teilung oder Abtrennen der Ausläufer. Feuchter bis sumpfiger Boden, ideal z. B. am Teichrand, auch im Flachwasser bis etwa 15 cm Tiefe.
Pflege An trockeneren Standorten reichlich gießen. In kalten Wintern mit Nadelholzreisig abdecken. Häufig auslichten und überschüssige Ausläufer entfernen. Kräftiger Rückschnitt möglich.
Ernte Blätter fortlaufend nach Bedarf pflücken, ab Juli auch blühende Sprossspitzen schneiden. Eignet sich vor allem für Tees, die etwas milder schmecken als die der üblichen Pfeffer-Minze.

Pfeffer-Minze
Mentha × piperita

Anbau Pflanzung im Frühjahr oder Frühsommer mit 30–40 cm Abstand. Da die Minze stark wuchert, ist eine Wurzelsperre empfehlenswert: z. B. eine kräftige Teichfolie, die rund um die Pflanzstelle senkrecht in den Boden gesteckt wird, oder ein eingesenkter Baueimer mit herausgetrenntem Boden. Teils werden auch Samen angeboten (Anzucht März bis Mai; Lichtkeimer). Vermehrung durch Ausläufer oder Kopfstecklinge.
Pflege Bei Trockenheit gießen. Bei Pflanzung ohne Wurzelsperre häufig die Ausläufer abstechen. Kann kräftig zurückgeschnitten werden. Am besten alle 3 Jahre an eine andere Stelle umpflanzen.

Ernte Blätter fortlaufend nach Bedarf pflücken. Zum Konservieren kurz vor Blühbeginn schneiden. Neben der altbewährten Anwendung als Tee, der Magen- und Darmbeschwerden lindert, erfreut sich die Minze heute auch großer Beliebtheit als gekühlter Erfrischungstee sowie als Würze zu Salaten, Fleischgerichten, Süßspeisen und Milchprodukten. Der hohe Mentholgehalt ist jedoch für manchen schlecht verträglich. Als Alternative bieten sich andere, menthollärmere Minzearten an (siehe S. 115). Vorsicht, reines Pfefferminzöl sollte bei Säuglingen und Kleinkindern keine Verwendung finden!

Vielfalt der Minzen

Sortengruppe, Art	Eigenschaften
„Klassische" Tee-Minzen	
Hellgrüne Pfeffer-Minze, 'White Mint' (*Mentha × piperita* f. *pallescens*)	der geläufigste Minzen-Typ, z. B. 'Pfälzer Minze', hoher Mentholgehalt; wärmeliebend
Dunkelgrüne Pfeffer-Minze, 'Black Mint' (*Mentha × piperita* f. *rubescens*)	mit rötlich violetter Nervatur, z. B. 'Mitcham', hoher < Mentholgehalt; recht robust
Spearmint-Minze (*Mentha spicata*)	schmalblättrig; die „Kaugummi-Minze", enthält kein Menthol; auch in rötlich dunkelblättrigen Sorten ('Black Spearmint')
Krause Minze (*Mentha spicata* var. *crispa*)	ähnlich der Spearmint-Minze, mit stark gekrausten Blättern
Marokkanische, Arabische, Nane-Minze (*Mentha spicata* var. *crispa*)	nordafrikanische und vorderasiatische Herkünfte der Krausen Minze, besonders geeignet für kalte Tees und Süßspeisen; teils etwas frostempfindlich; kleinwüchsige Sorte: 'Nana'
Minzen mit besonderem Aroma	
Bananen-Minze (*Mentha arvensis* 'Banana')	zarte, gekrauste Blätter mit an Banane erinnerndem Aroma, geringer Mentholgehalt
Schokoladen-Minze (*Mentha × piperita* 'Chocolate' und 'After Eight')	Aroma erinnert an Minzschokolade, gut geeignet für Süßspeisen und als Duftpflanze, hoher Mentholgehalt
Orangen-Minze (*Mentha piperita* var. *citrata*)	rotgrüne Blätter, herbfruchtiges Aroma mit leichter Orangennote, mäßiger Mentholgehalt
Apfel-Minze (*Mentha rotundifolia*)	große, filzige Blätter, Aroma nur entfernt apfelähnlich, geringer Mentholgehalt; sehr robust
Ananas-Minze (*Mentha suaveolens* 'Variegata')	weiß gerandete Blätter mit herb zitronigem Aroma, geringer Mentholgehalt
Erdbeer-Minze (*Mentha* species)	zierliche, kompakte Pflanze; fruchtiges, erdbeerartiges Aroma, recht hoher Mentholgehalt

Orangen-Minze

Marrokanische Minze

Ananas-Minze

Brunnenkresse
Nasturtium officinale

Anbau Die Brunnenkresse braucht stets feuchten Boden und sollte über Sommer mindestens 2 cm tief im Wasser stehen. Deshalb Kultur in wasserdichten Gefäßen oder im Sumpf- und Flachwasserbereich von Teich oder Bachlauf (bis 20 cm Wassertiefe). In Gefäßen Aussaat Mai bis Juli; Pflanzung draußen ab Mitte Mai.
Pflege Auf ausreichenden Wasserstand achten. Gefäße in kalten Wintern gut isolieren oder vorübergehend im Haus hell und kühl aufstellen.
Ernte Die scharf würzigen, vitaminreichen Blätter werden vorzugsweise im Frühjahr gepflückt, lassen sich aber bei Bedarf ganzjährig nutzen.

Gemeine Nachtkerze
Oenothera biennis

Anbau Direktsaat im April oder Ende Juli/August; Lichtkeimer. 20–30 cm Reihen- und Pflanzenabstand. Vermehrt sich oft stark durch Selbstaussaat.
Pflege Bei anhaltender Trockenheit gießen. Gelegentlich Kompost geben. Unerwünschte Sämlinge entfernen.
Ernte Blätter zur Blütezeit; Tees helfen bei Durchfall, Verdauungsbeschwerden und Magen-Darm-Krämpfen. Die im Herbst bis zum Frühjahr geernteten Wurzeln ergeben ein schmackhaftes, gesundes Gemüse. Auch die Blüten sind essbar. Zur Nutzung des Samenöls (z. B. bei Neurodermitis) besser Fertigpräparate verwenden.

Oregano, Dost
Origanum vulgare

Anbau Wird in mehreren Sorten, Arten und Unterarten angeboten, z. B. auch gelbblättrig oder sehr kompakt. Anzucht März bis Mai oder Direktsaat Mai bis Juni; Lichtkeimer. Pflanzung ab Mitte Mai mit 30 cm Abstand. Vermehrung durch Teilung, Ausläufer oder Stecklinge. Bevorzugt gut durchlässigen, eher nährstoffarmen Boden.
Pflege Bei anhaltender Trockenheit mäßig gießen. In rauen Lagen leichter Winterschutz. Wird nicht komplett geerntet, im Frühjahr kräftig zurückschneiden.
Ernte Blätter und junge Triebspitzen fortlaufend nach Bedarf. Zum Konservieren Triebe während der Blüte schneiden.

Große Bibernelle
Pimpinella major

Rosmarin
Rosmarinus officinalis

Anbau Samen werden meist für Wiesen- bzw. Wildblumensaaten angeboten (nicht zu verwechseln mit der Pimpinelle, siehe S. 120). Direktsaat März bis Mai oder Spätsommer. Breitwürfig säen oder – für die Wurzelernte besser – mit 30–40 cm Reihenabstand.
Pflege Bei anhaltender Trockenheit gießen. Unkraut konsequent entfernen.
Ernte Haupterntegut sind die ab Herbst ausgegrabenen Wurzeln. Ihre Abkochungen und Auszüge werden gegurgelt oder getrunken, v. a. bei Bronchitis und Halsentzündungen. Blätter, Blüten und Samen eignen sich als Würze, z. B. für Salate, in Kräuteressig und Gemüsebrühen.

Anbau Der wärmeliebende, gegen Frost und lange Winternässe recht empfindliche Rosmarin wird – zumindest in raueren Lagen – am besten als Kübelpflanze kultiviert. Gekaufte Jungpflanzen ab Mai draußen in Töpfe oder an geschützte Plätze setzen. Auch Anzucht aus Samen möglich (März bis Juli). Vermehrung durch Kopfstecklinge im Spätsommer oder Absenker. Rosmarin liebt durchlässigen Boden, der auch sandig, steinig und recht mager sein kann.
Pflege Bei anhaltender Trockenheit mäßig gießen. Über Winter mit Nadelholzreisig oder Stroh abdecken. Als Kübelpflanze hell bei 2–8 °C überwintern, erst ab Mitte Mai nach draußen stellen. Die Triebe nach der Blüte oder im Frühjahr etwa um ein Drittel zurückschneiden. Im Frühjahr etwas Kompost oder organischen Dünger geben.
Ernte Blätter und junge Triebspitzen fortlaufend, aber nicht übermäßig nach Bedarf ernten. Zum Konservieren Triebe im Sommer schneiden. Rosmarin hat sich nicht nur als mediterrane Würze für Fleisch- und Fischgerichte, Bratensoße, Tomatensalat und Bohnen bewährt, als (niedrig dosiertes) Teekraut hilft er auch bei Verdauungsbeschwerden und Völlegefühl, in Bädern und Salben lindert er rheumatische Beschwerden und regt den Kreislauf an.

Sauerampfer
Rumex acetosa

Anbau Direktsaat März bis Mai oder im August; in Reihen mit 30 cm Abstand, Sämlinge auf 10–15 cm ausdünnen. Vermehrung durch Teilung. Bevorzugt frischen bis feuchten Boden.
Pflege Am besten gleichmäßig feucht halten. Frühes Ausbrechen der Blütentriebe fördert die Blattbildung. Im Frühjahr Kompost geben.
Ernte Fortlaufend zarte, junge Blätter pflücken. Die säuerlich würzigen Blätter enthalten reichlich Vitamin C und Eisen. Sie passen gut zu Salaten, Suppen, Soßen und Gemüsegerichten. Teezubereitungen lindern Husten sowie Magen- und Darmbeschwerden und wirken blutreinigend.

Weinraute
Ruta graveolens

Anbau Direktsaat oder Anzucht im März bis Mai. 35 cm Abstand; meist reicht ein Exemplar. Vermehrung durch Teilung oder Stecklinge.
Pflege Bei langer Trockenheit gießen. In rauen Lagen im Herbst anhäufeln und mit Nadelholzreisig abdecken. Im Frühjahr zurückschneiden.
Ernte Blätter nach Bedarf. Zum Konservieren Triebe vor Blühbeginn schneiden. Die würzigen, leicht bitteren und scharfen Blätter runden Lamm und andere Fleischgerichte, Fisch, Eierspeisen, kräftige Soßen und Suppen ab. Vorsicht, nur sehr sparsam verwenden – in hoher Dosierung giftig! Der Pflanzensaft kann Hautreizungen hervorrufen.

Echter Salbei
Salvia officinalis

Anbau Pflanzung vorzugsweise im Frühjahr, mit 30 bis 40 cm Abstand. Anzucht aus Samen ab März möglich. Vermehrung durch Stecklinge, Absenker oder Teilung. Liebt gut durchlässigen, kalkhaltigen Boden.
Pflege Gießen nur bei langer Trockenheit nötig. In kälteren Regionen über Winter anhäufeln und mit Nadelholzreisig abdecken. Im späten Frühjahr Triebe auf Handbreite zurückschneiden.
Ernte Junge Blätter nach Bedarf; Triebe zum Konservieren kurz vor der Blüte. Vorsicht, wegen des Gehalts an Thujon (in hoher Dosis giftig) für Tees nur in geringen Mengen und nicht ständig verwenden.

Salbei in bunter Fülle

Sorte, Art	Eigenschaften
Sorten des Echten Salbeis	
'Aurea', 'Aureavariegata', 'Goldblatt', 'Icterina'	gelb-grün gemusterte Blätter
'Creme de la Creme', 'Rotmühle'	weißlich gerandete Blätter
'Tricolor', 'Hexenmantel'	Blätter grün, gelblich weiß und rosa bis violett gezeichnet
'Purpurascens', 'Purpurmantel'	rotbraune Blätter
'Berggarten'	mit großen, runden Blättern, geringer Blütenansatz
'Crispa'	breite, gekräuselte, samtige Blätter
'Culinaria'	große, silbrig schimmernde Blätter
'Nana'	Zwerg-Salbei, nur 25–40 cm hoch
'Nazareth'	schmalblättrig, mit zartem Marzipanduft
Weitere Salbeiarten	
Cleveland-, Marzipan-Salbei *(Salvia clevelandii)*	mit intensivem, süßlichem Duft
Frucht-Salbei *(Salvia dorisiana)*	große, lindgrüne Blätter mit fruchtigem Aroma; frostfreie Überwinterung (Kübelhaltung)
Honigmelonen-Salbei *(Salvia elegans)*	Blätter mit Honigmelonenduft, rote Blüten im Sommer und Herbst; frostfreie Überwinterung (Kübelhaltung)
Spanischer Salbei *(Salvia lavandulifolia)*	schmalblättrig, sehr aromatisch, nur etwa 30 cm hoch
Dalmatinischer Salbei *(Salvia officinalis* subsp. *major)*	mit großen, runden Blättern; wächst ausladend, leicht hängend
Ananas-Salbei *(Salvia rutilans)*	Blätter mit Ananasduft, rote Blüten im Herbst; frostfreie Überwinterung (Kübelhaltung)
Muskateller-Salbei *(Salvia sclarea)*	große, herzförmige Blätter mit Muskatellerduft, z. B. zum Aromatisieren von Wein, Desserts oder Marmeladen; oft nur zweijährig

'Purpurascens'

Muskateller-Salbei

'Icterina'

Pimpinelle
Sanguisorba minor

Anbau Direktsaat April bis Juni, mit 25 cm Reihenabstand; später in der Reihe auf 15 cm Abstand ausdünnen. Am besten alle 2–3 Jahre nachsäen; vermehrt sich auch durch Selbstaussaat. Bevorzugt kalkhaltigen Boden.
Pflege Bei Trockenheit gießen. Frühes Abschneiden der Blütenstände fördert die Blattbildung.
Ernte Junge Blättchen fortlaufend nach Bedarf. Mit ihrem leicht bitteren, gurkenähnlichen Geschmack passen sie – stets ungekocht – zu Salaten, Quark, Fisch, Eierspeisen, Kräutersoßen, -suppen und -essig. Sie sind ein typischer Bestandteil der „Frankfurter grünen Soße".

Heiligenkraut
Santolina chamaecyparissus

Anbau Pflanzung vorzugsweise im Frühjahr, mit 25–30 cm Abstand. Vermehrung durch Stecklinge oder Absenker. Liebt, kalkhaltigen, eher mageren Boden.
Pflege In rauen Lagen über Winter mit Nadelholzreisig schützen. Kräftiger Rückschnitt im Frühjahr fördert kompakten Wuchs. Alternativ oder zusätzlich die Triebe nach der Blüte um ein Drittel einkürzen.
Ernte Blätter, junge Triebe und blühende Sprossspitzen finden vor allem Verwendung in Duftsträußen und -säckchen. Sie vertreiben Motten und andere Insekten. Eine Auflage aus zerdrückten Blättern soll Entzündungen durch Insektenstiche lindern.

Winter-, Berg-Bohnenkraut
Satureja montana

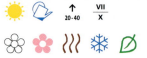

Anbau Anzucht März bis Juni oder Direktsaat zwischen April und Juli; Samen nur leicht abdecken. 25 cm Pflanzenabstand. Vermehrung durch Teilung oder Absenker. Braucht gut durchlässigen, am besten nicht allzu nährstoffreichen Boden. Ein kurzlebiger Verwandter ist das eher mild aromatische Sommer-Bohnenkraut (siehe S. 104).
Pflege Verträgt Trockenheit besser als Nässe. In rauen Lagen über Winter mit Nadelholzreisig abdecken. Kann im Frühjahr leicht zurückgeschnitten werden, um den Neuaustrieb zu fördern.
Ernte Fortlaufend Blätter und junge Triebe. Zum Konservieren kurz vor der Blüte ernten.

Tripmadam
Sedum reflexum

Goldrute
Solidago virgaurea

Beinwell
Symphytum officinale

Anbau Mehrere reizvolle Sorten mit grünen, blaugrünen, silbrigen oder goldgelben Blättern. Pflanzung am besten im Frühjahr oder Frühsommer, mit 15–20 cm Abstand. Vermehrung durch Abtrennen bewurzelter Sprosse. Braucht gut durchlässigen Boden, gern sandigkiesig. Gedeiht auch auf Trockenmauern und in Trögen.
Pflege Sehr anspruchslos.
Ernte Blättchen und junge, nicht blühende Triebspitzen pflücken. Sie sind vitamin- und mineralstoffreich und schmecken leicht säuerlich. Geeignet z. B. für Salate, Soßen, Quark sowie Suppen und Eintöpfe (nicht mitkochen), Kräuteressig und Remouladen.

Anbau Pflanzung im Herbst oder Frühjahr mit 30–40 cm Abstand. Auch Aussaat im Frühjahr möglich. Vermehrung durch Teilung oder Stecklinge.
Pflege Bei anhaltender Trockenheit gießen. Im Herbst oder Frühjahr mit Kompost versorgen. Nach der Blüte oder im Frühjahr zurückschneiden.
Ernte Blühende Sprossspitzen schneiden und trocknen. Tees wirken harntreibend, krampflösend und entzündungshemmend. Sie werden bei entzündlichen Harnwegserkrankungen, Harnsteinen und Reizblase eingesetzt. Die Therapie bei ernsthaften Erkrankungen unbedingt mit dem Arzt abstimmen!

Anbau Pflanzung im Herbst oder Frühjahr mit 60–80 cm Abstand. Auch Aussaat im Frühjahr möglich. Vermehrung durch Teilung. Liebt feuchten, nährstoffreichen Boden.
Pflege An trockenem Standort des Öfteren gießen. Im Frühjahr Kompost geben.
Ernte Blätter vor der Blüte; Wurzeln während der Ruhezeit. Breiumschläge, Kompressen, Salben und Tinkturen helfen bei Prellungen, Zerrungen und Verstauchungen. Vorsicht, wegen giftiger Inhaltsstoffe nicht auf offenen Wunden und nicht innerlich anwenden! Sparsamer Gebrauch der Blätter als Würze für Frühjahrssalate gilt allerdings als unbedenklich.

Quendel, Arznei-Thymian
Thymus pulegioides

Echter Thymian
Thymus vulgaris

Anbau Pflanzung im Frühjahr oder Herbst mit 25–30 cm Abstand. Anzucht oder Direktsaat von April bis Anfang August; Lichtkeimer. Vermehrung durch Teilung, Absenker. Dieser kriechend wachsende Thymian kommt besonders gut mit trockenen, mageren Standorten zurecht und ist frosthart. Er eignet sich u. a. als Bodendecker, für Duftrasen und zur Trockenmauerbepflanzung.
Pflege Sehr anspruchslos.
Ernte Wie Echter Thymian. Etwas weniger aromatisch und geringere Wirkstoffkonzentration als beim Echten Thymian. Als Heilpflanze für Kinder oft angenehmer; als Würze sehr gut für Salate und Dips geeignet.

Anbau Pflanzung vorzugsweise im Frühjahr mit 20–30 cm Abstand. Anzucht oder Direktsaat von April bis Mitte August; Lichtkeimer. Vermehrung durch Teilung oder Absenker. Bevorzugt gut durchlässigen, sandig-lehmigen Boden. Eine bewährte, recht frostharte Sorte ist 'Deutscher Winter'. 'Compactum' und 'Fredo' wachsen nur etwa 20 cm hoch.
Pflege In rauen Lagen über Winter mit Nadelholzreisig abdecken. Gelegentlich etwas Kompost geben. Ältere Pflanzen nach der Hauptblüte oder im Frühjahr zurückschneiden. Alle 3–4 Jahre durch Teilung verjüngen.
Ernte Blättchen und Triebspitzen fortlaufend. Zum Konservieren bei Blühbeginn oder auch in der Vollblüte (bis August).
Als pikante, verdauungsfördernde Würze passt Thymian zu nahezu allen deftigen, gekochten oder gebratenen Speisen, von Gemüsesuppen über Pizza und Eierspeisen bis zu Fleisch-, Fisch- und Muschelgerichten. Er ist auch eine wichtige Zutat für delikaten Kräuteressig. Tees und Aufgüsse zum Gurgeln helfen bei Husten, Bronchitis, Halsschmerzen, Mundentzündungen und -geruch. Bäder können bei Atemwegserkrankungen unterstützend eingesetzt werden, regen an und lindern juckende Hauterkrankungen.

Abwechslungsreiche Thymiane

Art	Eigenschaften
Bergamotte-Thymian *(Thymus chamaedrys)*	kriechend, frosthart; herb fruchtig, an Earl-Grey-Tee erinnernd
Zitronen-Thymian *(Thymus × citriodorus)*	buschig, recht frosthart; mit Zitronenduft; in verschiedenen Farbvarianten (z. B. Goldthymian 'Mystic Lemon'), auch in kriechenden Formen
Orangen-Thymian *(Thymus fragrantissimus)*	buschig, mäßig frosthart; mit herbfruchtigem Aroma
Kriechender Orangen-Thymian *(Thymus-Hybride)*	kriechend, frosthart; mit herbfruchtigem Aroma
Kümmel-Thymian *(Thymus herba-barona)*	kriechend, frosthart; mit intensiv kümmelartigem Aroma
Kaskaden-Thymian *(Thymus longicaulis)*	buschig, mit langen Trieben, die z. B. an Trockenmauern herabwallen; mäßig frosthart
Sand-, Feld-Thymian *(Thymus serpyllum)*	kriechend, frosthart; oft rötlich gefärbte Blätter, Sorten mit hellvioletten, roten und weißen Blüten, auch mit gelbgrünen Blättern oder Zitronenduft
Lavendel-Thymian *(Thymus thracicus)*	kriechend, mäßig frosthart; Aroma ähnelt Lavendel oder Rosmarin

Orangen-Thymian

Thymian 'Doone Valley'

Arznei-Thymian

Zitronen-Thymian

Sand-Thymian

Brennnessel
Urtica dioica

Baldrian
Valeriana officinalis

Anbau Die vor allem als „Unkräuter" bekannten Brennnesseln siedeln sich oft von selbst im Garten an und lassen sich leicht durch Teilung oder Ausläufer vermehren. Spezialisierte Versender bieten auch Samen an. Anzucht im März/April ist sicherer als Direktsaat (ab Mai); Lichtkeimer.
Pflege An einem humosen, nährstoffreichen, nicht zu trockenen Platz kaum nötig. Sonst öfter mit Kompost versorgen. Regelmäßig zurückschneiden, damit sich viele Jungtriebe bilden.
Ernte Junge, zarte Blätter im Frühjahr für spinatähnliches Gemüse. Blätter bis vor der Blüte für Tees; sie wirken gegen entzündliche Harnwegs- und Gelenkerkrankungen, rheumatische Beschwerden und sind blutreinigend. Tinkturen bzw. alkoholische Auszüge eignen sich für pflegendes Haarwasser.
Aus den ab Herbst geernteten Wurzeln können Tees und Extrakte, besonders zur Linderung von Prostatabeschwerden, zubereitet werden; Fertigpräparate sind allerdings wirksamer.
Blätter und Triebe werden zudem für Brühen zur Blattlausbekämpfung und Jauchen zum Düngen eingesetzt.
Das Kraut der einjährigen Kleinen Brennnessel *(Urtica urens)* lässt sich ebenfalls für alle genannten Zwecke verwenden.

Anbau Pflanzung im Frühjahr oder Herbst, mit 40–50 cm Abstand. Auch Anzucht aus Samen im April/Mai möglich; Lichtkeimer. Vermehrung durch Teilung. Bevorzugt feuchten Boden.
Pflege Bei Trockenheit gießen. Im Frühjahr Kompost oder organischen Dünger geben. Im Jahr der Wurzelernte die Blütenstände ausbrechen.
Ernte Die Wurzeln ab dem 2. Jahr während der Ruhezeit ausgraben, waschen, trocknen und in nicht zu kleine Stücke schneiden. Tees, Tinkturen und Bäder helfen bei Schlafstörungen und Nervosität. Vorsicht, übermäßige Anwendung kann tatsächlich sehr müde machen!

Zitronenstrauch
Aloysia triphylla

Anbau Als Kübelpflanze. In wintermilden Gegenden auch Auspflanzung möglich (mit gutem Winterschutz), aber recht riskant. Vermehrung durch Stecklinge.
Pflege An sonnigen Plätzen häufig gießen, dazwischen immer wieder Erdoberfläche abtrocknen lassen. Von April bis August alle 2 Wochen düngen. Hell oder dunkel bei 4–12 °C überwintern; wenig gießen. Im März kräftig zurückschneiden.
Ernte Fortlaufend junge Blätter ernten; am besten ganze Triebspitzen abschneiden. Für erfrischende Tees, Duftpotpourris und Badezusätze; auch als Würze für Salate, Fisch und Süßspeisen.

Lorbeer
Laurus nobilis

Anbau Als Kübelpflanze. In wintermilden Gegenden Auspflanzung möglich (mit gutem Winterschutz), aber bei starken Frösten riskant. Vermehrung durch Stecklinge.
Pflege An sonnigen Plätzen häufig gießen, dazwischen die Erdoberfläche abtrocknen lassen. Von April bis August alle 1–2 Wochen düngen. Hell oder dunkel bei 0–10 °C überwintern, wenig gießen. Schnitt zum Formen (z. B. als Kegel) im Spätsommer und Frühjahr.
Ernte Junge Blätter nach Bedarf. Sparsam verwenden für Fleisch-, Fisch- und Gemüsegerichte, zum Einlegen von Gurken und Heringen, für Kräuteressig.

Anisverbene
Lippia alba

Anbau Nur in Kultur als Kübelpflanze; verträgt keine Minusgrade. Vermehrung durch Stecklinge.
Pflege Gleichmäßig leicht feucht halten. Von April bis August alle 2 Wochen düngen. Bei 4–12 °C überwintern; wenig gießen. Im Frühjahr zurückschneiden.
Ernte Fortlaufend junge Blätter ernten; am besten ganze Triebspitzen abschneiden. Verwendung wie beim Zitronenstrauch, wobei hier ein deutliches Anisaroma vorherrscht. In ihrer südamerikanischen Heimat wird die Pflanze traditionell als Mittel zur Beruhigung sowie bei Magen- und Atemwegserkrankungen eingesetzt.

Exotische Kräuter für die Kübelkultur

Art	Höhe	Ernte, Nutzung	Licht/Überwinterung
Lemonysop *(Agastache mexicana)*	60–90 cm	Blätter vor der Blüte, Blüten bis September; Würze, Teedroge, Duftpotpourris	sonnig/hell bei 4–12 °C
Echte Aloe *(Aloe vera)*	40–70 cm	Saft der angeritzten Blätter, ab Frühjahr; zur Hautpflege und Wundheilung	sonnig/hell bei 4–12 °C
Kapernstrauch *(Capparis spinosa)*	30–80 cm	geschlossene Blütenknospen ab Frühsommer; ergeben nach Trocknen und Einlegen die „echten" Kapern	sonnig/hell bei 4–12 °C
Balsamstrauch *(Cedronella canariensis)*	50–120 cm	Blätter vor der Blüte; für Tees, Duftpotpourris und -kissen	sonnig/hell bei 4–12 °C
Zitronengras *(Cymbopogon citratus)*	30–100 cm	Halme und Blätter ab Frühsommer; Würze und Teedroge	sonnig/hell bei 10–18 °C
Kardamom *(Elettaria cardamomum)*	30–80 cm	Samen im Herbst; Würz- und Heilmittel	sonnig, halbschattig/hell bei 4–12 °C
Arabisches Bergkraut *(Micromeria fruticosa)*	40–60 cm	Blätter vor der Blüte; minzartige Würze und Teedroge	sonnig/hell bei 4–12 °C
Brautmyrte *(Myrtus communis)*	50–150 cm	Blätter vor der Blüte; Würze und Teedroge	sonnig/hell bei 4–12 °C
Knoblauchs-Kaplilie *(Tulbaghia violacea)*	30–50 cm	Blätter ab Frühjahr; schnittlauchartige Würze	sonnig, halbschattig/hell oder dunkel bei 4–12 °C

Aloe

Zitronenverbene

Arabisches Bergkraut

Arbeitskalender

Der Kräutergarten verlangt keinen großen Arbeitsaufwand, doch alles gelingt einfacher und besser, wenn das Rechte zur rechten Zeit erledigt wird. Die Monatszuordnung der Arbeiten in diesem Kalender dient als Anhaltspunkt und kann je nach regionaler Wetterentwicklung etwas variieren.

Januar/Februar

Allgemeine Arbeiten

- **Gartengeräte warten,** Anzucht- und Pflanzgefäße gründlich reinigen, den Geräteschuppen aufräumen: Wer die Wintertage für solche Arbeiten nutzt, kann im Frühjahr unbeschwert loslegen.
- **Mit artgerechtem Futter** und immer wieder frisch gefüllten Tränken erleichtert man Vögeln im Garten die Überwinterung.
- **Schauen Sie sich nach Bezugsquellen** für speziellere Arten oder Sorten um, und bestellen Sie rechtzeitig bei den Samen- und Pflanzenversendern.
- **Kam man im Herbst** nicht zum Umgraben oder zur tiefgreifenden Lockerung mit der Grabegabel, kann das jetzt nachgeholt werden, wenn der Boden frostfrei und nicht zu nass ist. Die Schollen bereits umgegrabener Böden werden nun zerkleinert.
- **Jetzt ist ein guter Zeitpunkt,** um vor einer Neuanlage eine Bodenuntersuchung zu beauftragen und Bodenproben zu entnehmen.

Säen und Pflanzen

- **In Töpfen auf dem Fensterbrett** oder in einem beheizten Gewächshaus können Rucola, Kerbel und andere schnellwüchsige Kräuter zur Ernte „richtiger" Blätter gesät werden.
- **Weiterhin bieten Keimsprossen** aus Samen von Kresse, Senf usw. eine gesunde Nahrungsergänzung. Sollen nur die zarten, ganz jungen Sprosse geerntet werden, können die Keimschalen oder -boxen recht dunkel stehen; für etwas kräftigeres Grünkraut ist ein hellerer Platz nötig.
- **Auch die Anzucht,** z. B. von Gewürzpaprika und Schnittlauch kann jetzt beginnen; jedoch am besten nur dann, wenn ein wirklich heller Platz zur Verfügung steht.

Pflege

- **Überprüfen Sie vor Frostperioden** die Winterschutzabdeckungen kälteempfindlicher Kräuter und ergänzen Sie diese, wenn nötig, mit Laub, Reisig oder Vlies.
- **An milden Tagen** sollten die Winterquartiere öfter gelüftet werden.
- **Drinnen überwinterte Kräuter** und Kübelpflanzen weiterhin regelmäßig kontrollieren, zurückhaltend gießen und an warmen Tagen lüften.

Ernte

- **Nicht nur drinnen** überwinterte oder angetriebene Kräuter liefern mitten im Winter schmackhafte Blätter, sondern auch Winter- und Immergrüne im Garten, z. B. Barbarakraut, Petersilie, Salbei und Thymian.
- **Nach wie vor verhelfen** winter- und immergrüne Kräuter, ob draußen oder drinnen überwintert, zu kleinen, aber feinen frischen Ernten.

März/April

Allgemeine Arbeiten

- **Jetzt ist die Haupteinkaufszeit** für Samen und früh zu pflanzende Kräuter. Denken Sie auch an nötiges und praktisches Zubehör, z. B. für die Anzucht.
- **Im Garten** steht zunächst das Herrichten einer ebenen, feinkrümeligen Beetoberfläche für die ersten Freilandsaaten und -pflanzungen an. Entfernen Sie zuvor gründlich alle Unkräuter.
- **Erste Abwehrmaßnahmen** gegen Schnecken sind nötig.

Säen und Pflanzen

- **Drinnen beginnt die Hauptsaison** für die warme Anzucht, z. B. von Majoran, Schnitt-Sellerie, Oregano und Chili, gegen Ende März auch von Basilikum.
- **Im Freien** können bei nicht allzu kühlem Wetter u. a. Kerbel, Löffelkraut und Schnittlauch gesät werden, ab Mitte/Ende Februar auch Petersilie und Rucola.
- **Spätestens ab Mitte April** lässt sich fast alles, das sich für eine Direktsaat eignet, draußen aufs Beet säen. Nur mit besonders wärmeliebenden Arten wie Majoran oder Portulak sollte man sich bis Mai gedulden.

Pflege

- **Frühe Saaten** und junge Pflanzen sollten vor kalten Nächten mit Folie oder Vlies geschützt werden.
- **Staudenartige Kräuter** können Sie nun zurückschneiden, falls nicht schon im Herbst geschehen, und bei Bedarf teilen und neu verpflanzen.
- **Mehrjährige Kräuter** versorgt man jetzt mit Kompost oder kurz vor Austriebsbeginn mit organischem Dünger, sofern sie nicht zu den besonders genügsamen Arten gehören.
- **Überwinterte Mehrjährige** können noch mit Kompost oder Dünger versorgt werden, gut angewachsene nährstoffbedürftige Jungpflanzen erhalten eine Startgabe.
- **Saaten und frisch gesetzte Jungpflanzen** müssen gleichmäßig leicht feucht gehalten werden.

Ernte

- **Überwinterte Kräuter** treiben teils schon neue Blätter, sollten aber immer noch zurückhaltend beerntet werden. Frühsaaten, etwa von Kerbel und Rucola, können bereits das Angebot bereichern. Reichlich würzige Blätter liefert nun schon der Bärlauch.

Mai/Juni

Allgemeine Arbeiten

- **Nach den Eisheiligen** Mitte Mai können auch die besonders wärmebedürftigen Kräuter bzw. Kübelpflanzen in Töpfen nach draußen gebracht werden. Stellen Sie diese am besten zunächst 1 bis 2 Wochen halbschattig auf, bevor sie an einen vollsonnigen Platz kommen.
- **Unkräuter** müssen konsequent bekämpft werden.
- **Durch Mulchen** lässt sich der Aufwand für das Hacken und Gießen verringern.
- **Schädlinge** wie Blattläuse, Spinnmilben und Käfer machen sich breit. Wenn Abstreifen oder Abspritzen nicht ausreicht, können selbst hergestellte Tees und Brühen eingesetzt werden.
- **Von vielen mehrjährigen Kräutern** lassen sich im Juni Stecklinge für die Vermehrung schneiden und in geeignetes Anzuchtsubstrat topfen.

Säen und Pflanzen

- **Für die meisten** warmen Anzuchten ist der Mai der letzte Termin. Gegen Ende Mai wird es dann oft sinnvoller, die Samen draußen in Schalen, in gesonderte Vermehrungsbeete oder gleich direkt aufs Beet zu säen.
- **Nun kann nahezu** alles, von Anis bis Ysop, gesät werden, mit Ausnahme der Arten, die spezielle Früh- oder Spätsaaten erfordern.
- **Ab Anfang Mai** ist eine gute Pflanzzeit für wärmebedürftige Mehrjährige wie Oregano; ab Mitte Mai dann auch für empfindliche Einjährige wie Basilikum.

Pflege

- **Späte Kälteeinbrüche** im Mai können immer noch vorübergehendes Auflegen von Vlies oder Folie erforderlich machen.
- **Die Saaten und jungen Kräuter** brauchen recht regelmäßige Fürsorge: bei Bedarf gießen, öfter vorsichtig hacken und nährstoffliebende Jungpflanzen mit Kompost oder organischem Startdünger versorgen.

Ernte

- **Der Mai** ist ein wahrer „Wonnemonat": Nun lässt sich schon allerhand zum Würzen und für gesunde Kräutertees ernten.
- **Ab Juni können** die ersten Triebe zum Trocknen und für andere Konservierungsmethoden geerntet werden, z. B. von Basilikum, Salbei und Thymian.
- **Blüten zum Trocknen** liefern jetzt u. a. Kamille und Ringelblume.

Juli/August

Allgemeine Arbeiten

- **Während der Sommermonate** ist eine Mulchschicht zwischen den Pflanzen empfehlenswert. Sie bewahrt nicht nur die Bodenfeuchtigkeit, sondern schützt die Oberfläche auch vor starken Verschlämmungen und Verkrustungen nach Platzregen.
- **Vermeiden Sie beim abendlichen Gießen** das Benässen von Blättern oder gar Blüten, um Pilzkrankheiten vorzubeugen.
- **Neben hartnäckigen Wurzelunkräutern** sollten jetzt besonders regelmäßig unerwünschte Pflanzen mit Blüten gejätet werden, damit es nicht zu einer Massenverbreitung durch Samen kommen kann.
- **Für eine Stecklingsvermehrung** von Rosmarin ist der Spätsommer der beste Termin. Schneiden Sie dafür die Spitzen junger, nicht blühender Triebe.

Säen und Pflanzen

- **Bis Anfang Juli** kann noch Sommer-Bohnenkraut gesät werden. Ansonsten kommen nun vor allem Samen raschwüchsiger Arten wie Kerbel, Kresse oder Rucola aufs Beet oder auch in Gefäße. Für längerfristigen Genuss sorgen Saaten z. B. von Schnittlauch oder Schnittknoblauch.
- **Mit Saaten** z. B. von Barbarakraut, Dill, Kerbel und Portulak legen Sie den Grundstein für frischen Kräutergenuss im Herbst.

Pflege

- **An trockenen Sommertagen** ist Gießen besonders wichtig: direkt in den Wurzelbereich, möglichst morgens oder am frühen Abend.
- **Neben feuchtigkeitsbedürftigen Saaten,** Jungpflanzen, Topfkräutern und Arten wie Petersilie und Pfeffer-Minze sollten auch Kräuter mit Scharf- und Bitterstoffen nicht allzu trocken gehalten werden. Besonders Rucola schmeckt sonst oft etwas unangenehm, und neigt bei Trockenheit und Hitze außerdem zum Schießen (vorzeitige Blütenbildung).
- **Wo nicht gemulcht wurde,** sollte man regelmäßig hacken, um die Bodenverdunstung herabzusetzen.
- **Egal, ob sie drinnen oder draußen** überwintert werden: Mehrjährige Kräuter sollten ab August keinen stickstoffhaltigen Dünger mehr erhalten, damit alle Neutriebe bis zur kalten Jahreszeit gut ausreifen können.

Ernte

- **Blüten und Blütentriebe,** z. B. Johanniskraut, Ringelblume, Goldrute und Lavendel, werden hauptsächlich in der Vollblüte oder gleich zu Blühbeginn geerntet.
- **Werden beim Knoblauch** die Blätter braun und kippen um, sind die Zwiebeln erntereif.

September/Oktober

Allgemeine Arbeiten

- **Besondere Achtsamkeit** gilt nun den Mehrjährigen: Sie sollten möglichst schädlings- und krankheitsfrei in den Winter gehen.
- **Wo Kräuter- und Gemüsebeete** geräumt werden, kann gleich eine tiefgreifende Bodenlockerung erfolgen, durch Umgraben oder mit Grabegabel bzw. Sauzahn, falls die Böden weder verdichtet noch stark verunkrautet sind.
- **Noch bevor die Temperaturen** nachts unter den Nullpunkt fallen, müssen „Exoten" nach drinnen an einen hellen, kühlen Platz gebracht werden. Bei älteren Lorbeer- oder Zitronensträuchern und mediterranen Topfkräutern ist dies nicht ganz so eilig, doch auch sie sollten keinen stärkeren Frösten ausgesetzt werden.

Säen und Pflanzen

- **Für recht baldige Ernten** lassen sich im September immer noch Kresse und Rucola säen, für den Herbst- und Winterbedarf Barbara- und Löffelkraut, fürs nächste Jahr Bärlauch, Echte Kamille und Engelwurz.
- **Nicht allzu kälteempfindliche** Mehrjährige können gut im Herbst gepflanzt werden, ebenso Knoblauchzehen und Bärlauchzwiebeln.

Pflege

- **Leichte Fröste** werden von allen gartenüblichen, gut entwickelten Kräutern schadlos verkraftet. Zumindest bei den mediterranen Kräutern und im Herbst gesetzten Pflanzen ist es aber ratsam, vorbeugend den Wurzelbereich mit Laub oder Rindenmulch abzudecken.

Ernte

- **Im September ist bei Kräutern,** die in der Blüte ihren Wirkstoffgehalt bewahren, noch eine Ernte zum Trocknen bzw. Konservieren möglich, so etwa bei Oregano oder Goldrute. Wegen der niedrigeren Temperaturen muss nun jedoch eventuell im Backofen getrocknet werden.
- **Die fortlaufende Ernte** von Blättern oder Triebspitzen bei immergrünen Mehrjährigen sollte nun behutsamer ausfallen, damit diese nicht allzu zerrupft der kalten Jahreszeit entgegensehen.
- **Gegen Ende Oktober ist Zeit** für die Wurzelernte, etwa von Baldrian, Eibisch, Engelwurz und Meerrettich.

November/Dezember

Allgemeine Arbeiten

- **Ist der Boden** weder gefroren noch zu nass, kann die tiefgreifende Lockerung der Beete und Pflanzflächen auch im Spätherbst oder Winter durchgeführt werden.
- **Spätestens Anfang November** sollten selbst in wärmeren Regionen frostempfindliche Topfkräuter nach drinnen gebracht, die robusteren draußen etwas geschützt platziert und, wenn nötig, mit einer Topfisolierung versehen werden.
- **Denken Sie an die Wasserleitungen** und Zapfstellen im Garten. Sofern noch nicht geschehen, muss die Hauptleitung für draußen abgestellt werden. Die Hähne lässt man leer laufen und dann aufgedreht.
- **Mit geeignetem Vogelfutter** hilft man den gefiederten Gästen über karge Winterzeiten. Futterhäuser sollten öfter gereinigt werden.

Säen und Pflanzen

- **Um Schnittlauch** drinnen anzutreiben, gräbt man nun im Garten einige Büschel samt Wurzelwerk aus und lässt sie zunächst einige Zeit draußen liegen. Es ist günstig (jedoch nicht zwingend), wenn die Pflanzen während der Zeit etwas Frost abbekommen. Dann pflanzt man sie in Töpfe und stellt sie an ein helles Fenster, bei 15–20 °C. So lässt sich im Haus über Wochen frischer Schnittlauch ernten.
- **Im Garten** kann bei frostfreiem Wetter noch Bärlauch gesät oder als Zwiebel gesteckt werden.
- **Bei frostfreiem Boden** können noch im Dezember Schnittlauch- oder Petersilienballen ausgegraben und drinnen in Töpfen angetrieben werden.

Pflege

- **Winterschutzabdeckungen** bei Garten- und Topfkräutern sollten gelegentlich überprüft und, wenn nötig, ergänzt werden, falls stärkere Fröste drohen.
- **Sehen Sie regelmäßig** nach drinnen überwinterten Kräutern und Kübelpflanzen. Gerade an etwas zu warmen Plätzen können jetzt z. B. Schildläuse auftreten. Gegossen wird nur sehr zurückhaltend, doch die Erde darf nicht völlig austrocknen. An warmen Tagen ist Lüften ratsam.
- **Auch draußen überwinternde** Topfkräuter brauchen gelegentlich etwas Wasser.

Ernte

- **Wurzeln,** z. B. von Baldrian oder Engelwurz, können bei frostfreiem Boden geerntet werden.
- **Von Winter- und Immergrünen** drinnen wie draußen lassen sich ab und zu ein paar Blätter ernten. Kurzlebige Überwinterer wie Barbarakraut und Löffelkraut können stärker beerntet werden, ebenso drinnen angetriebene Kräuter.

Bezugsquellen

Samen- und Pflanzenversand

Blumenschule
Augsburger Str. 62
86956 Schongau
shop.blumenschule.de

Calendula Kräutergarten
Storchshalde 200
70378 Stuttgart-Mühlhausen
www.calendula-kraeutergarten.de

Gärtnerei helenion
Hof Vogelsang
Ortsteil Schmölln
17291 Randowtal
www.helenion.de

Kiepenkerl Kunden-Service
Im Weidboden 12
57629 Norken
www.kiepenkerl.de

Die Kräuterei
Alexanderstr. 29
26121 Oldenburg
www.kraeuterei.de

Kräuterey Lützel
Im Stillen Winkel
57271 Hilchenbach-Lützel
www.kraeuterey.de

Kräutergärtnerei Simon
Neuwoog 1
67677 Enkenbach
www.kraeutergaertnerei-simon.de

Kräuter- und Staudengärtnerei Mann
Schönbacher Str. 25
02708 Lawalde
www.kraeutergaertner.de
www.pflanzenreich.com

Kräuter- und Wildpflanzengärtnerei Strickler
Monika Strickler
Lochgasse 1
55232 Alzey
www.gaertnerei-strickler.de

Die Mühlbachgärtnerei
Josef und Marianne Beubl
Gärtnerstr. 2a
85368 Moosburg
www.die-muehlbachgaertnerei.de

Bamberger Kräutergärtnerei
Nürnberger Str. 86
96050 Bamberg
www.biokraeuter.info

Raritätengärtnerei Treml
Eckerstr. 32
93471 Arnbruck
www.pflanzentreml.de

Rühlemann's Kräuter u. Duftpflanzen
Auf dem Berg 2
27367 Horstedt
www.ruehlemanns-shop.de

Samenhaus Müller
Raiffeisenstr. 18
75210 Keltern
www.samenhaus.de

Samen Frese
Johannisstr. 103
49074 Osnabrück
www.samen-frese.de

Staudengärtnerei Gaissmayer
Jungviehweide 3
89257 Illertissen
www.gaissmayer.de

Syringa Duftpflanzen- u. Kräutergärtnerei
Bachstr. 7
78247 Hilzingen-Binningen
www.syringa-pflanzen.de

Zubehör für Kräuterverarbeitung
(Rohstoffe für Salben, Naturkosmetik usw.)

CC Claude Cosmetics GmbH
Ringstr. 46
50996 Köln
www.colimex.de

Cosmothek GmbH
Türkenstr. 60
80799 München
www.cosmothek.de

Dragonspice Naturwaren
Hechinger Str. 203
Gebäude II/III
72072 Tübingen
www.dragonspice.de

Spinnrad GmbH
Kurhausstr. 2
23795 Bad Segeberg
www.spinnrad.de

Saatgut

Quedlinburger Saatgut GmbH
Neuer Weg 21
06484 Quedlinburg
www.quedlinburger-saatgut.de

GartenShop
Wansdorfer Platz 20
13587 Berlin

Carl Sperling & Co.
(GmbH & Co.KG)
Hamburger Str. 35
21339 Lüneburg
www.sperli.de

Thysanotus-Samenversand
Uwe Siebers
Schulweg 21
28876 Oyten
www.thysanotus-samenversand.de

Jelitto Staudensamen GmbH
Am Toggraben 3
29690 Schwarmstedt
www.jelitto.de

Thompson & Morgan
Postfach 10 69
36243 Niederaula
Tel.: 0 40 / 61 19 39 93
www.thompson-morgan.com

Gärtner Pötschke GmbH
Beuthener Straße 4
41561 Kaarst
www.gaertner-poetschke.de

Bio-Saatgut Ulla Grall
Eulengasse 3
55288 Armsheim
www.bio-saatgut.de

Nebelung/Kiepenkerl
über Tom Garten
ESH Rhenania GmbH
Im Weidboden 12
57629 Norken
www.tomgartenshop.de

Baldur-Garten GmbH
Elbinger Str. 12
64625 Bensheim
www.baldur-garten.de

N. L. Chrestensen
Erfurter Samen- und
Pflanzenzucht GmbH
Witterdaer Weg 6
99092 Erfurt
www.gartenversandhaus.de

Syngenta Seeds GmbH
Gemüse & Blumen
Alte Reeser Str. 95
47533 Kleve

Naturgemäßer Gartenbau

GÄA – Vereinigung ökologischer Landbau e.V.
Landesverband Sachsen/
Bundesgeschäftsstelle
Am Beutlerpark 2
01217 Dresden
www.gaea.de

Permakultur-Institut e.V.
Informationsbüro
Witzfeldstr. 21
40667 Meerbusch
www.permakultur.de

Wolfgang-Philipp-Gesellschaft
Ausschuss für naturnahen Gartenbau
Postfach 43 66
55033 Mainz

Forschungsring für biologisch-dynamische Wirtschaftsweise e.V.
Brandschneise 1
64295 Darmstadt
www.forschungsring.de

Naturgarten e.V.
Kernerstr. 64
74076 Heilbronn
www.naturgarten.org
www.naturgarten-fachbetriebe.de
www.naturnaher-garten.de

Arbeitsgruppe Biogarten Birnbaum
CH-3436 Zollbrück

Bio-Forum Möschberg
Zentrum für organisch-biologischen Landbau
Mostereiweg 1
CH-4934 Madiswil

Bioterra (SGBL)
Dubsstr. 33
CH-8003 Zürich
www.bioterra.ch

VNG – Verein für naturnahe Garten- und Landschaftsgestaltung
Höhenstr. 19
CH-9320 Arbon
www.vng.ch

Register

A
Abkochung 84
Absenker 48
Achillea millefolium 106
Agastache mexicana 126
Alkaloide 6
Allium sativum 96
– *schoenoprasum* 106
– *tuberosum* 107
– *ursinum* 107
Aloe vera 126
Aloe, Echte 126
Aloysia triphylla 125
Althaea officinalis 107
Ameisen 92
Ananas-Minze 115
Ananas-Salbei 119
Anethum graveolens 96
Angelica archangelica 108
Anis 104
Anisverbene 125
Anis-Basilikum 102
Anthriscus cerefolium 96
Antike 10
Anwendung, äußerliche 86
Anzucht 44
Apfel-Minze 115
Apium graveolens
  var. *secalinum* 97
Apotheker 12
Apothekergarten 7
Appetitlosigkeit 85
Armoracia rusticana 108
Artemisia abrotanum 109
– *absinthium* 109
– *dracunculus* 109
– *vulgaris* 110
Arterienverkalkung 85
Arznei-Thymian 122
Aufbewahren 73
Ausläufer 47
Auspflanzen 48
Aussaat 42
Aussäen 44

B
Bach-Minze 114
Bäder 90
Baldrian 124
Balkon 29
Balsamstrauch 126
Bananen-Minze 115
Barbarakraut 97
Barbarea vulgaris 97
Bärlauch 21, 107
Basilikum 101, 102
Bauchkrämpfe 85
Bauerngarten 11, 15, 17
Beete 19
– anlegen 36
Beifuß 110
Beinwell 121
Bergamottethymian 123
Bergbohnenkraut 120
Bergkraut, Arabisches 126
Bibernelle, Große 117
Bitterstoffe 6
Blähungen 85
Blattfleckenkrankheiten 65
Blattkäfer 67
Blattläuse 68, 69
Blatt-Sellerie 97
Blattwanzen 69
Blüten, essbare 19
Boden 32
Bodenbearbeitung 52
Bodenverbesserung 35
Bohnenkraut, Sommer- 104
–, Winter- 120
Borago officinalis 97
Borretsch 97
Brautmyrte 126
Breitsaat 44
Brennnessel 124
Bronchitis 85
Brühe 93

Brunnenkresse 116
Busch-Basilikum 102

C
Calendula officinalis 98
Capparis spinosa 126
Capsicum annuum 98
Carum carvi 99
Cedronella canariensis 126
Chamaemelum nobile 110
Chili 98
Cochlearia officinalis 99
Coriandrum sativum 100
Creme 89
Cumarine 6
Currykraut 111
Cymbopogon citratus 126

D
Dill 5, 96
Dosis 7
Dost 116
Drogen 11
Duftbeet 25
Duftgarten 27
Duftkissen 91
Duftpfad 26
Duftrasen 26
Düngen 54
Durchblutungsstörungen 85
Durchfall 85

E
Eberraute 109
Eibisch, Echter 107
Einfassung 15, 23
Einfrieren 74
Einjährige 5
Einlegen 74
Einsalzen 75
Elletaria cardamomum 126
Engelwurz, Echte 108
Erdbeer-Minze 115
Erdflöhe 67

Erkältung 85
Ernte 70 f.
Erntemenge 71
Eruca sativa 100
Essig 74
Estragon 109
Feldthymian 123
Fenchel, Gewürz- 110
Fensterbank 28
Flavonoide 6
Fliegen 92
Foeniculum vulgare
   var. *dulce* 110
Formale Gestaltung 24
Fraßschäden 67
Fruchtfliegen 92
Frucht-Salbei 119
Fruchtwechsel 50

G
Galium odoratum 111
Garten, Kräuter im 14
Gartenkresse 100
Gärtnerei 40
Gefäße 58
Gehölzschatten 21
Gelbsenf 105
Gemüsefliegen 69
Gemüsegarten 16
Genießen 76
Gerbstoffe 6
Geschichte 8
Getränke 79
Getränke, alkoholische 81
Gewürz-Basilikum,
   Mexikanisches 102
Gewürzfenchel 110
Gewürzpaprika 98
Gießen 54
Glattkäfer 67
Glykoside 7
Goldrute 121
Gurkenkraut 97

H
Halbsträucher 5
Halsschmerzen 85
Harnwegsprobleme 85
Hecken 23
Heilen 82
Heiligenkraut 120
Heilkräuter 85
Helychrysum italicum 111
Herbae 11
Hochbeet 39
Honigmelonen-Salbei 119
Horapa 102
Husten 85
Hypericum perforatum 111
Hyssopus officinalis 112
Inhalieren 84

J
Jauche 93
Johanniskraut, Echtes 111

K
Kalkgehalt 35
Kaltauszug 84
Kaltwasserauszug 93
Kamille, Echte 101
–, Römische 110
Kapernstrauch 126
Kaplilie, Knoblauchs- 126
Kapuzinerkresse 13, 105
Kardamom 126
Kaskadenthymian 123
Keimung 44
Kerbel 96
Klostergarten 10
Knoblauch 96
Konservieren 70 f.
Kopfschmerzen 85
Koriander 100
Krankheiten 65
Kräuter, einjährige 96 ff.
–, exotische 125 f.
–, mediterrane 29

Kräuter, mediterrane 34
–, mehrjährige 106 ff.
Kräuterbeete 22
Kräuterbutter 78
Kräutercocktails 80
Kräuterdrinks 80
Kräutergelee 80
Kräuterhexen 12
Kräuterquark 78
Kräutersäckchen 91
Kräuterschnaps 81
Kräuterspirale 22, 37 f.
Kräutertee 83, 85
Kräuterwein 81
Kreislaufprobleme 85
Kresse 100
Kübel 15
Kulturschutznetz 68
Kümmel 99
Kümmelthymian 123

L
Lästlinge 92
Laurus nobilis 125
Lavandula angustifolia 112
Lavendel 112
Lavendelthymian 123
Lebensmittelmotten 92
Lemonysop 126
Lepidium sativum 100
Levisticum officinale 113
Liebstöckel 113
Lippia alba 125
Lockern, Boden 34
Löffelkraut 99
Lorbeer 125

M
Maggikraut 113
Majoran 103
Mariendistel 105
Marienkäfer 64
Marzipan-Salbei 119
Matricaria recutita 101

Mauerpfeffer 33
Mäuse 92
Mediterrane Gestaltung 29
Meerrettich 108
Mehlkäfer 92
Mehltau 65
Melissa officinalis 113
Menstruations-
  beschwerden 85
Mentha aquatica 114
– *arvensis* 115
– *citrata* 115
– *rotundifolia* 115
– × *piperita* 114
– *spicata* 115
– *spicata* var. *crispa* 115
– *suaveolens* 115
Micromeria fruticosa 126
Minze, Arabische 115
–, Krause 115
–, Marokkanische 115
–, Nane- 115
Mischkultur 14, 16, 50
Mittelalter 10
Mulch 54
Mundwasser 84, 85
Myrtus communis 126

N
Nachtkerze, Gemeine 116
Nacktschnecken 67
Namen, wissenschaftliche
  13
Nane-Minze 115
Nasturtium officinale 116
Nervosität 85
Netz 68
Nützlinge 63

O
Ocimum americanum 102
– *basilicum* 101, 102
– *basilicum* var. *cinnamo-
  mum* 102
– *basilicum* var.
  citriodorum 102
– *canum* 102
– *kilimandscharicum* 102
– *sanctum* 102
– *tenuiflorum* 102
Oenothera biennis 116
Öle 74, 86
–, ätherische 6
Orangen-Minze 115
Orangenthymian 123
Oregano 5, 116
Origanum majorana 103
– *vulgare* 116

P
Pasten 75
Petersilie 103
Petroselinum crispum 103
Pfeffer-Minze 114
Pflanzen 40
–, magische 8
Pflanzenkauf 40
Pflanzenschutz 62
Pflanzenstoffe 5
Pflanzerde 58
Pflanztermine 42
Pflege 52
pH-Wert 35
Pikieren 45
Pilzkrankheiten 65
Pimpinella anisum 104
– *major* 117
Pimpinelle 120
Portulaca oleracea var.
  sativa 104
Portulak 104
Potpourri 90

Q
Quendel 122

R
Rabatten 19
Raupen 67
Regenwasser 55
Ringelblume 98
Rosenbegleiter 20
Rosmarin 117
Rosmarinus officinalis 117
Rostpilze 65
Rucola 100
Rumex acetosa 118
Ruta graveolens 118

S
Saatband 44
Saatgut 40
Saattermine 42
Säen 40
Salate 77
Salatrauke 100
Salbe 88
Salbei 13
–, Cleveland- 119
–, Dalmatischer 119
–, Echter 118
–, Muskateller- 119
–, Spanischer 119
Salvia clevelandii 119
– *dorisiana* 119
– *lavandulifolia* 119
– *officinalis* 118
– *officinalis* var. *major* 119
– *rutilans* 119
– *sclarea* 119
Samenkauf 40
Sandthymian 123
Sanguisorba minor 120
Santolina chamaecyparissus
  120
Saponine 6
Satureja hortensis 104
– *montana* 120
Sauerampfer 118
Saugschäden 69

Säuregrad 35
Schaderreger,
  bodenbürtige 64
Schädlinge 66, 92
Schaf-Garbe 106
Scharfstoffe 6
Schildläuse 69
Schlafstörungen 85
Schleimstoffe 6
Schmetterlingsraupen 67
Schnitt 56
Schnittknoblauch 107
Schnittlauch 106
Schnittlauch 32
Schnitt-Sellerie 97
Schokoladen-Minze 115
Sedum reflexum 121
Senf, Weißer 105
Silybium marianum 105
Sinapis alba 105
Solidago virgaurea 121
Sommer-Bohnenkraut 104
Spearmint-Minze 115
Spinnmilben 69
Standort 14, 32
Stechmücken 92
Stecklinge 47
Steingarten 20
Steppengarten 21
Strauch-Basilikum 102
Süßspeisen 79
Symphytum officinale 121

T
Tannine 6
Tee 83, 93
Teichrand 21
Teilen 46
Terrasse 29
Thai-Basilikum 102
Thripse 69
Thymian 122
Thymus chamaedrys 123
– × *citriodorus* 123

Thymus fragrantissimus 123
– *herba-barona* 123
– *longicaulis* 123
– *pulegoides* 122
– *serpyllum* 123
– *thracicus* 123
– *vulgaris* 122
Tinkturen 89
Töpfe 15, 28
Topfkräuter 58
Tripmadam 121
Trocknen 72
Tropaeolum majus 105
Tulbaghia violacea 126
Tulsi 102

U
Überwinterung 60
Umschläge 86
Ungeziefer 92
Unkrautbekämpfung 52
Urtica dioica 124

V
Valeriana officinalis 124
Verdauungsprobleme 85
Vermehren 46
Verwendung 77
Vorbeugung 66

W
Waldmeister 7, 111
Wärme 33
Wasser-Minze 114
Weinraute 118
Weiße Fliege 69
Weißer Senf 105
Wermut 109
Wind 33
Winter-Bohnenkraut 120
Winterkresse 97
Winterschutz 56
Wirkstoffanreicherung 70
Wirkstoffe 6

Wohlfühlkräuter 90
Wuchsstörungen 64
Wurzeln trocknen 73
Würzen 76

Y
Ysop 112

Z
Zeitpunkt, Ernte 71
Ziergarten 18
Zikaden 69
Zimt-Basilikum 102
Zitronen-Basilikum 102
Zitronengras 126
Zitronenmelisse 113
Zitronenstrauch 125
Zitronenthymian 123
Zubehör, Anzucht 44

IMPRESSUM

Bildnachweis

Mit 229 Abbildungen

Vorsatz AT, 3 o alle 3 GS, 3 u RTF/Hans Reinhard, 4 RTF/Hans Reinhard, 5 beide GS, 6 o RTF/Hans Reinhard, 6 u GS, 8 pixelio/Dieter Schütz, 9 FP, 10 Bohne, 11 li GS, 11 re Practical Pictures/FP, 12 Otmar Diez, 13 beide GS, 14 GBA/Nichols, 15 beide RTF/Hans Reinhard, 16 RTF/Hans Reinhard, 17 Hans Laux, 18 RTF/Hans Reinhard, 19 FP/Emotive images, 20 GS, 21 li RTF/Hans Reinhard, 21 re PS, 22 Noack/FP, 23 GF, 24 GBA/Lawson, 25 li GBA/Nichols, 25 re FS, 26 FH, 27 alle 3 GS, 28 FP, 29 FP/Visions, 30 li FP/Visions, 30 re FS, 31 o alle 3 GS, 31 u FP/Visions, 32 FP/Visions, 33 li RTF/Hans Reinhard, 33 re GS, 34 o GS, 34 u li GBA/Noun, 34 u re FS, 36 FS, 37 li BIOS/FP, 37 re FS, 38 alle 4 RTF/Hans Reinhard, 39 o GS, 39 u BIOS/FP, 40 Diez/FP, 41 li FS, 41 re GS, 43 li GS, 43 re alle 5 Kosmos/Lang, 45 alle 6 Kosmos/Lünser, 46 li Diez/FP, 46 re GS, 47 alle 4 FS, 49 u Diez/FP, 49 o beide GBA/Noun, 50 beide FS, 52 li WR, 52 re GBA/Noun, 53 GBA/Didillon, 54 WR, 55 Diez/FP, 56 FS, 57 beide FS, 58 FP/Visions, 59 o BIOS/FP, 59 u FP/Visions, 60 alle 3 WR, 61 alle 4 FS, 62 FS, 63 li MH, 63 re RTF/Hans Reinhard, 64 AV, 65 AV, 66 GS, 67 beide AV, 68 o FS, 68 u AV, 70 FS, 71 GBA/Noun, 72 Diez/FP, 73 RTF/Hans Reinhard, 74 RTF/Hans Reinhard, 75 FS, 76 li Diez/FP, 76 re Living & More/FP, 78 FP/Emotive images, 79 o FS, 79 u FP/Emotive images, 80 FP, 81 Diez/FP, 82 BIOS/FP, 83 FS, 84 Diez/FP, 85 FP/FP, 86 Diez/FP, 87 BIOS/FP, 88 Diez/FP, 89 FP, 90 FP, 91 FP, 92 FP, 93 FS, 95 o alle 3 GS, 95 u Diez/FP, 96 li RS, 96 Mi GS, 96 re GS, 97 alle 3 GS, 98 beide GS, 99 beide GS, 100 alle 3 GS, 101 beide GS, 103 beide GS, 104 alle 3 GS, 105 alle 3 GS, 106 beide GS, 107 alle 3 GS, 108 beide GS, 109 alle 3 GS, 110 alle 3 GS, 111 alle 3 GS, 112 beide GS, 113 beide GS, 114 beide GS, 115 alle 3 GS, 116 alle 3 GS, 117 beide GS, 118 alle 3 GS, 119 alle 3 GS, 120 alle 3 GS, 121 li FS, 121 Mi FH, 121 re GS, 122 beide GS, 123 re GS, 123 o beide GS, 123 u li GS, 123 u Mi FP/Visions, 124 beide GS, 125 li GS, 125 Mi GS, 125 re RS, 126 alle 3 GS, 127 o alle 3 GS, 127 u RTF/Hans Reinhard

Abkürzungen:
o = oben, u = unten, Mi = Mitte, li = links, re = rechts
AT = Annette Timmermann, Kalübbe, AV = Andreas Vietmeier, Münster, FH = Frank Hecker, FS = Friedrich Strauß, Au/Hallertau, FP = Florapress Ageny Hamburg; GBA/GPL = Gartenbildagentur, Au/Hallertau, GF = Gartenfoto.at/Alice Thinschmidt & Daniel Böswirth, GS = Gartenschatz, Stuttgart, MH = Manfred Höfer, PS = Peter Schönfelder, RS = Roland Spohn, RTF = Reinhard Tierfoto, Heiligkreuzsteinach/Eiterbach, WR = Wolfgang Redelesi, Bienenbüttel

Umschlaggestaltung von Lars Weigelt, Dresden, unter Verwendung von Fotos von photolibrary/Daniel Hurst (unten) und Gaby Jacob/Flora Press (oben)

Unser gesamtes lieferbares Programm und viele weitere Informationen zu unseren Büchern, Spielen, Experimentierkästen, DVDs, Autoren und Aktivitäten finden Sie unter www.kosmos.de

Gedruckt auf chlorfrei gebleichtem Papier.

2. Auflage
© 2012 Franckh-Kosmos Verlags GmbH & Co. KG, Stuttgart
Alle Rechte vorbehalten
ISBN 978-3-440-12089-7
Grundlayout: Atelier Reichert, Stuttgart
Lektorat: Anne Kuhn, Ludwigsburg
Produktion: Kullmann & Partner GbR, Stuttgart
Printed in Italy / Imprimé en Italie

Alle Angaben in diesem Buch sind sorgfältig geprüft und geben den neuesten Wissensstand bei der Veröffentlichung wieder. Da sich das Wissen aber laufend in rascher Folge weiterentwickelt und vergrößert, muss jeder Anwender prüfen, ob die Angaben nicht durch neuere Erkenntnisse überholt sind. Dazu muss er zum Beispiel Beipackzettel zu Dünge-, Pflanzenschutz- bzw. Pflanzenpflegemitteln lesen und genau befolgen sowie Gebrauchsanweisungen und Gesetze beachten.
In diesem Buch werden Hinweise zur Naturheilkunde gegeben. Nur auf die beschriebenen Arten trifft die angegebene Verwendung zu, ihr Gebrauch setzt daher ihre sichere Kenntnis voraus. Kräuter- und Heilpflanzentees sollten immer nur beschränkte Zeit und nicht länger als nötig eingenommen werden, auch Hausteemischungen sollte man öfter wechseln. Behandelt werden dürfen nur leichte Gesundheitsstörungen, die keiner ärztlichen Behandlung bedürfen. Den Arztbesuch kann dieses Buch auf keinen Fall ersetzen. Auch dürfen bestimmte Kräuter wie Rosmarin, Salbei u.a. nicht während der Schwangerschaft eingenommen werden.